COLLECTION POÉSIE

PIER PAOLO PASOLINI

Poésies

1953-1964

Édition bilingue
Traduction et présentation
de José Guidi

nrf

GALLIMARD

AVANT-PROPOS

Les poèmes que l'on va lire, issus de trois recueils différents, s'échelonnent sur plus de dix années. Ils avaient été choisis, en accord avec Pier Paolo Pasolini lui-même, de manière à retracer les étapes cruciales d'un itinéraire riche en bouleversements de pensée. Non qu'il ait été question de tout évoquer. Ne font partie de cette anthologie, en particulier, ni les poésies frioulanes, empreintes d'un charme tout adolescent, ni le dernier recueil (Trasumanar e organizzar) que le poète ait pu voir paraître de son vivant, et où prévaut un amer sentiment de dérision. Il sera toutefois aisé de voir ici se dérouler un drame historique et humain d'une rare intensité, lié, dans sa scansion profonde, aux luttes et aux retombées du mouvement ouvrier, que l'auteur n'aura cessé de suivre avec une attention passionnée. L'importance de ces poèmes n'est pas à souligner. Sans doute le message qu'ils contiennent nous est-il devenu, par certains côtés, familier, puisque l'écriture romanesque et la création cinématographique ont contribué à le divulguer. Pasolini n'aura certes jamais cherché à dissimuler les rêves, les inquiétudes et les obsessions qui le hantaient. Mais peut-être est-ce ici que sa voix retrouve sa plus grande nudité, et que les sources les plus profondes en sont, sans ostentation et sans tricherie, indiquées. Rien ne nous est dissimulé du

*tourment qui donna naissance à ces poèmes, et jamais sans
doute cet écrivain qu'il faut bien qualifier de secret n'en
aura dit autant sur lui-même qu'en ces quelques pages, où
tout ce qui fut, pour lui, d'importance cruciale, se trouve
en définitive évoqué. La poésie, ici, est drame et vérité. Elle
plonge ses racines au plus profond d'une situation
historique et sociale, ainsi que d'une condition humaine,
qu'elle a pour mission de mettre en lumière, et de signifier.
Et c'est ce constant souci de témoigner qui nous paraît
surtout conférer, à cette « seconde époque » de la poésie de
Pasolini, sa cohérence et sa continuité.*

*Ce n'était pas toujours le cas de la production qui l'avait
précédée, et qui met en jeu une toute autre écriture, ainsi
qu'un tout autre ordre de qualités. C'est en effet en dialecte
frioulan, et en s'inscrivant délibérément dans la lignée de
l'antique poésie provençale — comme une citation
liminaire de Peire Vidal vient le confirmer — que
Pasolini, refusant les contraintes de la propagande
officielle, et répudiant conjointement le subtil hermé-
tisme d'un Ungaretti ou d'un Montale, choisit tout
d'abord, à dater de 1940, de s'exprimer, en une « suite
frioulane » poursuivie pendant plus de dix années, et avec
une fraîcheur et une justesse de ton dont un critique aussi
averti que Gianfranco Contini devait d'entrée de jeu
s'étonner. C'est à peu près à la même époque — de 1943
à 1949 — que furent écrites les pièces regroupées plus tard
dans un recueil intitulé, avec un savant mélange de
provocation et de sincérité, Le Rossignol de l'Eglise
catholique. Le décalage manifeste entre le titre et le
contenu du recueil — qui s'achève d'ailleurs, de façon fort
significative, sur une séquence intitulée La Découverte de
Marx — ne pouvait manquer de surprendre, et d'intri-
guer. Non que le sentiment du sacré, qui imprègne en
grande partie l'œuvre de Pasolini, lui soit indifférent ou
étranger. Mais la doctrine évangélique dont il s'inspire —*

et que la mise en scène de L'Évangile selon Matthieu
*devait, beaucoup plus tard, magistralement illustrer —
n'a qu'un rapport fort éloigné avec celle qui est ordinaire-
ment enseignée, son mysticisme n'ignore ni le trouble ni
la sensualité, et sa fraîcheur n'est pas toujours exempte
d'une certaine perversité. Qu'il nous soit permis, pour en
témoigner, de citer ici l'un de ces poèmes, empreint d'une
grâce adolescente qui ne laisse pas d'évoquer le meilleur
Radiguet, et tout paré des feux de l'ambiguïté.*

LE NARCISSE ET LA ROSE

C'est le miroir, et non Narcisse,
qui brille dans ce pré
vert sombre, mon enfance,
morte, de loup...

Bonsoir, Démon,
tu souris en m'écoutant?
N'ouvre donc point la bouche,
j'ai compris, je me rends.

Je parlais du miroir,
ce n'est rien qu'une pure
lumière reflétée — nid
d'échos poétiques.

Non, laissons là Narcisse,
il ne s'y est que trop miré;
et je puis, cette fois,
t'affronter, intrépide.

Rêve ou indifférence,
ou souvenir, je ne sais,
le miroir d'argent brille
tout seul, dans le pré sombre.

Son rayon me subjugue;
crépusculaire il fouille,
immobile, dans l'ombre
triste du paysage.

Viens, cher Démon,
et contemplons ensemble
l'absence de Narcisse
dans le rêve d'argent.

Nul rire ne sévit
dans ta bouche odieuse?
Bien, ami, cueille donc
au jardin une rose.

Moralité ou poésie,
ou beauté, je ne sais,
j'offre au miroir la rose
qui s'y reflète, seule.

Des dernières séquences du Rossignol de l'Église
catholique *aux premiers poèmes des* Cendres de Gramsci,
*dont la composition s'échelonne de 1953 à 1956, peu
d'années, en somme, se sont écoulées, et pourtant
l'univers poétique de Pasolini paraît, d'entrée de jeu,
s'être considérablement modifié. Les paysages idylliques
du Frioul, avec leurs tendres couleurs bleutées, se sont
évanouis pour faire place à l'évocation, amère et passion-
née, des jours difficiles et tourmentés que vit alors la
péninsule italienne, et du rôle qu'il revient à tout
intellectuel engagé d'y jouer. Conjointement, l'écriture
s'est transformée. Ce n'est plus en dialecte frioulan — dont
Pasolini s'est par ailleurs attaché à illustrer, dans une série
d'études écrites à cette époque, la signification et la portée
— mais dans un langage poétique plus familier, encore
que résolument réfractaire aux séductions de l'hermé-
tisme, que la rupture, en profondeur, avec toute une tradi-*

*tion idéologique et culturelle bourgeoise se trouve définiti-
vement consommée. Non que Pasolini soit pour autant
disposé à parfaitement s'aligner sur un idéal marxiste qui
est loin, selon lui, d'avoir été réalisé, et vis-à-vis duquel il
se sent profondément partagé. Mais du moins s'en est-il
sensiblement rapproché. Le drame que signifia, pour lui,
la Résistance — avec, en particulier, la mort de son frère
cadet, tombé dans un épisode obscur de la guerre partisane
— n'y fut certes pas étranger, non plus que la lecture de
Marx et de Gramsci, ni la leçon des luttes de journaliers
frioulans contre de grands propriétaires fonciers, aux-
quelles l'écrivain avait pu alors se trouver mêlé. La
découverte de l'enfer des « borgate » romaines fera le reste.
Mais plus que par l'évocation d'une époque cruelle, dont
les atteintes ne l'ont certes pas épargné, Pasolini semble
être ici surtout blessé par le sentiment que tant de
souffrance aura été vaine, puisque rien, en définitive, n'en
a été durablement modifié. Alors naît l'interrogation lucide
et passionnée, qui resurgit tout au long de ces poèmes, et
semble secrètement les hanter. Conjointement, cet écri-
vain qui se veut engagé a conscience des ambiguïtés
inhérentes à sa condition d'intellectuel cultivé, et souligne
sans cesse l'impossibilité maintes fois vérifiée, dans le cadre
de l'écriture poétique, à les réduire ou à les surmonter.
Lui-même s'en est d'ailleurs, sans nulle réticence, expli-
qué, en une série d'essais regroupés, en 1960, sous le titre
de* Passion et idéologie, *et qui constituent en quelque sorte
le contrepoint théorique de l'œuvre romanesque et poéti-
que élaborée en ces mêmes années. On peut y déchiffrer,
clairement indiquées — en particulier dans un écrit daté
de 1954 et intitulé* Observations sur l'évolution de notre
siècle —, *les conditions d'un engagement littéraire conçu
sans tricherie ni facilités. Qu'il nous soit permis de faire ici
justice d'un certain type de préjugés. On a parfois voulu
voir en Pasolini le dernier, et sans doute le plus raffiné, des
lettrés que la culture italienne puisse aujourd'hui revendi-*

quer. *Cette définition ne convient guère à un écrivain à plus d'un titre engagé, qui aura su être, avant toute chose, le chantre des laissés-pour-compte de l'histoire et des déshérités, et dont la grandeur a précisément consisté à n'ignorer aucune des contradictions de son époque, lucidement et au besoin tragiquement assumées. Aussi n'est-il pas impossible de retrouver, inscrite dans l'œuvre dont le déroulement se trouve ici retracé, toute l'évolution d'une culture qui eut aussi, après la désintégration du néo-réalisme et des ambiguïtés qu'il recouvrait, son moment de doute et sa génération sacrifiée. De la lumière épique de la Résistance, qui baigne et qui scande, à la façon d'un gong lumineux, le poème qui porte son nom, jusqu'aux tonalités fantomatiques et assourdies des* Cendres de Gramsci *s'inscrit tout un itinéraire tourmenté et souvent poignant, semé de deuils et de désenchantements. Ainsi s'explique l'amertume du poème qui fait revivre le philosophe adolescent, et où le goût de l'aventure personnelle, « faite d'enfance et de beauté », retracée avec un lyrisme parfois désespéré, se mêle à l'évocation historique jusqu'à entrer en conflit ouvert avec elle, sans que rien jamais puisse les concilier sinon la tranquille insouciance de ces ouvriers du Testaccio, que l'auteur sait trop bien ne plus pouvoir désormais partager. C'est aussi sous le signe de cette méditation déchirée, ainsi que d'une pauvreté orgueilleusement assumée et d'une confiance sans cesse renouvelée dans les possibilités de changement que recèle en lui-même le mouvement ouvrier, que se situent les autres poèmes du recueil, à la fin duquel on retrouve, en certains vers écrits en 1956, l'écho des tragiques événements dont la Hongrie allait, cette année-là, se trouver particulièrement ensanglantée.*

Au fil des années, un certain nombre de certitudes se sont toutefois dégagées, que le long poème intitulé La Religion de notre temps, *dont la composition n'a pas requis moins de deux années, et qui tire en quelque sorte le bilan de toute l'évolution spirituelle de Pasolini, vient mettre en lumière et cristalliser. Si le désarroi s'est encore aggravé, face à l'entrée en crise d'un socialisme irrémédiablement endeuillé par « le sang de l'époque stalinienne », et si un voyage à Moscou, loin de dissiper le malaise, semble l'avoir encore accentué, le caractère irrévocable de certains choix se trouve néanmoins confirmé. Le sentiment religieux, en particulier, n'apparaît plus qu'en tant que nostalgie ou regret, et semble s'être tout entier résorbé en des invectives passionnées, qui ne laissent pas d'évoquer, tant par leur forme métrique que par leur sûreté de trait, ce que la tradition italienne nous a légué de plus prestigieux à ce sujet. Des Épigrammes qui leur font suite, et où l'hypocrisie et la médiocrité d'une société enlisée dans ses valeurs convenues et dans ses préjugés se trouvent à l'envi fustigées, nous n'avons retenu que la plus significative, et celle qui permet le mieux d'éclairer l'articulation de ces poèmes avec l'œuvre romanesque (Une vie violente) qui se trouvait conjointement élaborée.*

Le choix effectué au sein du dernier recueil de Pasolini que nous avons voulu ici présenter, Poésie en forme de rose (1962-1964), ne reflète que de façon fort imparfaite, en même temps que sa richesse formelle, son étonnante diversité. Peut-être suffira-t-il toutefois à témoigner du lyrisme blessé d'une œuvre où l'univers poétique paraît, tout en révélant ses richesses les plus profondes, littéralement se disloquer. Le poète n'aura de cesse qu'il ne se soit — au terme d'une évocation chaotique et tourmentée au cours de laquelle la définition de notre époque comme d'une nouvelle Pré-histoire se trouve maintes fois esquissée — lui-même entièrement et impitoyablement renié. Mais ce reniement, qui vient parachever tout un lucide et douloureux délire, et semble vouloir effacer tout ce que Pasolini avait pu écrire par le passé, est destiné lui-même à se trouver presque aussitôt révoqué. Peu de temps après cette Poésie sur un vers de Shakespeare, dont le déroule-

*ment visionnaire se trouvait ainsi magistralement clôturé,
se situe la composition de* Victoire, *qui renoue, fût-ce de
façon onirique, avec l'évocation d'une époque que l'on
pouvait croire oubliée, celle de la guerre partisane et d'une
révolution armée qui semblait alors si proche, et qui devait
pourtant, une fois de plus, avorter. Écrit en 1964, ce
poème paraît étrangement préfigurer, jusque dans ses
invectives et dans ses prophéties frappées du sceau d'une
lucidité désespérée, ainsi que dans sa conclusion angois-
sante et désenchantée, la crise qui allait secouer quelques
années plus tard la péninsule italienne, non moins que sa
lente retombée.*

*Là ne devait pas s'arrêter la production poétique de
Pasolini, dont la création cinématographique était toute-
fois appelée à prendre de plus en plus nettement le relais.
Un dernier recueil,* Trasumanar e organizzar, *allait
venir la compléter : amer constat de solitude, et d'abandon,
que reviennent hanter, à tout moment, le sarcasme et la
dérision, non sans que parfois s'y mêlent quelques accents
particulièrement déchirants. Puis le destin du poète allait
trouver sa tragique conclusion, le 2 novembre 1975, sur
un terrain vague situé en bordure de la plage d'Ostie, dans
des circonstances encore mal élucidées. Mort atroce, qu'il
avait toutefois lui-même à maintes reprises prophétisée,
jusque dans son insoutenable cruauté. C'est aussi à la
lumière d'une telle disparition qu'il faut aujourd'hui relire
cet ensemble de poèmes qui en constituent, dans bien des
cas, l'idéale préfiguration. Pasolini, on le sait, leur a
toujours assigné, dans l'ensemble de son œuvre, une place
privilégiée. Et il est vrai que le message qu'ils nous livrent
n'est pas de ceux qui se laissent facilement oublier, tant
par sa qualité humaine que par ce qu'il finit par nous
enseigner sur une époque au cœur de laquelle il n'aura
cessé de projeter son interrogation lucide et amère, et son
inquiétude passionnée.*

                                        José Guidi.

Les Cendres de Gramsci
Le Ceneri di Gramsci

LES CENDRES DE GRAMSCI

LE CENERI DI GRAMSCI

I

Non è di maggio questa impura aria
che il buio giardino straniero
fa ancora più buio, o l'abbaglia

con cieche schiarite... questo cielo
di bave sopra gli attici giallini
che in semicerchi immensi fanno velo

alle curve del Tevere, ai turchini
monti del Lazio... Spande una mortale
pace, disamorata come i nostri destini,

tra le vecchie muraglie l'autunnale
maggio. In esso c'è il grigiore del mondo
la fine del decennio in cui ci appare

tra le macerie finito il profondo
e ingenuo sforzo di rifare la vita;
il silenzio, fradicio e infecondo...

Tu giovane, in quel maggio in cui l'errore
era ancora vita, in quel maggio italiano
che alla vita aggiungeva almeno ardore,

I

Est-il de mai, cet air impur
qui rend ce noir jardin étranger
plus noir encore, ou l'éblouit

d'aveugles éclaircies... ce ciel
d'écume au-dessus des ocres terrasses
dont l'amphithéâtre immense masque

les méandres du Tibre, les monts
bleu sombre du Latium... C'est une paix
mortelle, et résignée, tout comme nos destins,

que verse en ces vieux murs ce mois de mai
d'automne. Il porte en lui la grisaille du monde,
la fin des dix années au bout desquelles il semble

que les ruines aient englouti le naïf
et profond effort de changer la vie;
le silence, humide et vain...

Jeune alors, en ce mois de mai où faire
erreur signifiait encore vivre, un mai italien
qui ajoutait, du moins, à la vie, la ferveur,

quanto meno sventato e impuramente sano
dei nostri padri — non padre, ma umile
fratello — già con la tua magra mano

delineavi l'ideale che illumina
(ma non per noi : tu, morto, e noi
morti ugualmente, con te, nell'umido

giardino) questo silenzio. Non puoi,
lo vedi?, che riposare in questo sito
estraneo, ancora confinato. Noia

patrizia ti è intorno. E, sbiadito,
solo ti giunge qualche colpo d'incudine
dalle officine di Testaccio, sopito

nel vespro : tra misere tettoie, nudi
mucchi di latta, ferrivecchi, dove
cantando vizioso un garzone già chiude

la sua giornata, mentre intorno spiove.

I I

Tra i due mondi, la tregua, in cui non siamo.
Scelte, dedizioni... altro suono non hanno
ormai che questo del giardino gramo

e nobile, in cui caparbio l'inganno
che attutiva la vita resta nella morte.
Nei cerchi dei sarcofaghi non fanno

che mostrare la superstite sorte
di gente laica le laiche iscrizioni
in queste grige pietre, corte

bien moins insouciant, de santé moins grossière
que nos pères — non point père, mais humble
frère — ta maigre main, déjà,

esquissait l'idéal qui donne sa lumière ·
(mais non pour nous : car tu es mort, et nous
sommes morts, avec toi, en ce jardin

mouillé) au silence. Il ne t'est permis,
ne le vois-tu pas, que de dormir en terre
étrangère, toujours banni. Un ennui

patricien t'entoure. Seul te parvient,
étouffé, quelque bruit d'enclume,
depuis les ateliers du Testaccio, assoupi

dans le soir : parmi de pauvres hangars, des tas
de tôle nue, de la ferraille, où,
sournois, un manœuvre en chantonnant achève

déjà sa journée, tandis que tout autour cesse la pluie.

I I

Entre les deux mondes, une trêve, qui nous efface.
Choix, dévouement... désormais n'ont plus
d'autre son que celui de ce jardin noble

et blême, où la supercherie tenace
qui étouffait la vie subsiste dans la mort.
Les médaillons des sarcophages ne font

que révéler, en leurs profanes inscriptions,
ce qu'il survit du sort de ces profanes,
sur ces dalles grises, courtes

e imponenti. Ancora di passioni
sfrenate senza scandalo son arse
le ossa dei miliardari di nazioni

più grandi; ronzano, quasi mai scomparse,
le ironie dei principi, dei pederasti,
i cui corpi sono nell'urne sparse

inceneriti e non ancora casti.
Qui il silenzio della morte è fede
di un civile silenzio di uomini rimasti

uomini, di un tedio che nel tedio
del Parco, discreto muta : e la città
che, indifferente, lo confina in mezzo

a tuguri e a chiese, empia nella pietà,
vi perde il suo splendore. La sua terra
grassa di ortiche e di legumi dà

questi magri cipressi, questa nera
umidità che chiazza i muri intorno
a smorti ghirigori di bosso, che la sera

rasserenando spegne in disadorni
sentori d'alga... quest'erbetta stenta
e inodora, dove violetta si sprofonda

l'atmosfera, con un brivido di menta,
o fieno marcio, e quieta vi prelude
con diurna malinconia, la spenta

trepidazione della notte. Rude
di clima, dolcissimo di storia, è
tra questi muri il suolo in cui trasuda

et imposantes. D'insatiables passions
brûlent toujours, sans nul scandale,
les ossements des milliardaires de nations

plus puissantes; on sent rôder, jamais tout à fait disparue,
l'ironie des princes, des pédérastes,
dont les corps dorment au gré de ces urnes,

réduits en cendres, et toujours si peu chastes.
Ici le silence de la mort fait foi
du silence civil d'hommes qui sont restés

des hommes, et d'un ennui qui, dans l'ennui
du Parc, secrètement varie : la ville,
qui le relègue, indifférente, parmi

masures et églises, en sa piété impie,
s'y dépouille de sa splendeur. La terre,
riche en orties et en légumes, y produit

ces maigres cyprès, cette humidité noire
qui éclabousse les murs tout autour
de blêmes fioritures de buis, que le soir

adoucit puis éteint en de maussades
senteurs d'algue... cette herbe rare
et sans odeur, où le crépuscule, violet,

s'enfouit, avec un frisson de menthe,
ou de foin pourri, tandis qu'y prélude, tranquille,
dans la mélancolie du jour, l'aveugle

coup d'aile de la nuit. Âpre
est le climat, très douce l'histoire
de cette terre, entre ces murs, où suinte

altro suolo; questo umido che
ricorda altro umido; e risuonano
— familiari da latitudini e

orizzonti dove inglesi selve coronano
laghi spersi nel cielo, tra praterie
verdi come fosforici biliardi o come

smeraldi : « And O ye Fountains... » — le pie
invocazioni...

III

Uno straccetto rosso, come quello
arrotolato al collo ai partigiani
e, presso l'urna, sul terreno cereo,

diversamente rossi, due gerani.
Lì tu stai, bandito e con dura eleganza
non cattolica, elencato tra estranei

morti : Le ceneri di Gramsci... Tra speranza
e vecchia sfiducia, ti accosto, capitato
per caso in questa magra serra, innanzi

alla tua tomba, al tuo spirito restato
quaggiù tra questi liberi. (O è qualcosa
di diverso, forse, di più estasiato

e anche di più umile, ebbra simbiosi
d'adolescente di sesso con morte...)
E, da questo paese in cui non ebbe posa

une autre terre; de cette humidité
qui en évoque une autre; tandis que s'élèvent
— familières, de latitudes et

de paysages où des forêts anglaises couronnent
des lacs perdus dans le ciel, parmi des prés
verts comme des billards phosphorescents ou comme des

émeraudes : « And O ye Fountains... » — les pieuses
invocations...

III

Un chiffon rouge, comme celui
noué au cou des partisans
et, près de l'urne, sur le sol cendré,

deux géraniums, d'un rouge différent.
Te voici donc, banni, en ta grâce sévère,
non catholique, enregistré parmi ces morts

étrangers : Les cendres de Gramsci... Pris entre l'espé-
    rance
et ma vieille défiance, je m'approche, venu
par hasard en cette maigre serre, face à

ta tombe, et à ton esprit qui est resté
ici-bas parmi ces gens libres. (Ou bien c'est quelque chose
de différent peut-être, de plus extasié

et de plus humble aussi, ivre symbiose
d'adolescence, de sexe et de mort...)
Et en ce pays, où jamais ne fit trêve

la tua tensione, sento quale torto
— qui nella quiete delle tombe — e insieme
quale ragione — nell'inquieta sorte

nostra — tu avessi stilando le supreme
pagine nei giorni del tuo assassinio.
Ecco qui ad attestare il seme

non ancora disperso dell'antico dominio,
questi morti attaccati a un possesso
che affonda nei secoli il suo abominio

e la sua grandezza : e insieme, ossesso,
quel vibrare d'incudini, in sordina,
soffocato e accorante — dal dimesso

rione — ad attestarne la fine.
Ed ecco qui me stesso... povero, vestito
dei panni che i poveri adocchiano in vetrine

dal rozzo splendore, e che ha smarrito
la sporcizia delle più sperdute strade,
delle panche dei tram, da cui stranito

è il mio giorno : mentre sempre più rade
ho di queste vacanze, nel tormento
del mantenermi in vita; e se mi accade

di amare il mondo non è che per violento
e ingenuo amore sensuale
così come, confuso adolescente, un tempo

l'odiai, se in esso mi feriva il male
borghese di me borghese : e ora, scisso
— con te — il mondo, oggetto non appare

ta passion, je sens quel fut ton tort
— ici, dans le repos des tombes — et en même temps
combien tu eus raison — en notre inquiet

destin — d'écrire tes ultimes
pages pendant les jours de ton assassinat.
Je vois ici, attestant la semence

non encore dispersée de l'antique pouvoir,
ces morts attachés à une possession
qui plonge au fond des siècles son abomination

et sa grandeur : et aussi, obsédante,
cette vibration d'enclumes, en sourdine,
étouffée et poignante — depuis l'humble

quartier — pour en attester la fin.
Et me voici moi-même... pauvre, vêtu
d'habits que les pauvres lorgnent dans des vitrines

au clinquant grossier, et qu'est venue faner
la saleté des routes les plus ignorées,
des banquettes de tram, qui dénaturent,

pour moi, toute journée : alors que je puis de moins en
    moins connaître
de tels loisirs, dans le tourment
de survivre; et s'il m'advient

d'aimer le monde, ce n'est que d'un violent
et naïf amour sensuel,
tout comme, adolescent incertain, autrefois,

je l'ai haï, quand me blessait en lui, bourgeois,
mon propre mal, bourgeois : et si le monde
est — avec toi — maintenant divisé, n'est-ce point objet

di rancore e quasi di mistico
disprezzo, la parte che ne ha il potere?
Eppure senza il tuo rigore, sussisto

perchè non scelgo. Vivo nel non volere
del tramontato dopoguerra : amando
il mondo che odio — nella sua miseria

sprezzante e perso — per un oscuro scandalo
della coscienza...

I V

Lo scandalo del contraddirmi, dell'essere
con te e contro te; con te nel cuore,
in luce, contro te nelle buie viscere;

del mio paterno stato traditore
— nel pensiero, in un'ombra di azione —
mi so ad esso attaccato nel calore

degli istinti, dell'estetica passione;
attratto da una vita proletaria
a te anteriore, è per me religione

la sua allegria, non la millenaria
sua lotta : la sua natura, non la sua
coscienza; è la forza originaria

dell'uomo, che nell'atto s'è perduta,
a darle l'ebbrezza della nostalgia,
una luce poetica : ed altro più

de rancœur, de mépris presque
mystique, que la fraction qui en détient le pouvoir?
Pourtant, sans ta rigueur, je subsiste,

car je ne choisis point. Je vis sans rien vouloir,
en cet après-guerre évanoui : aimant
ce monde que je hais — en sa misère,

méprisant et perdu — par un scandale obscur
de ma conscience...

IV

Scandale de me contredire, d'être
avec toi, contre toi; avec toi dans mon cœur,
au grand jour, contre toi dans la nuit des viscères;

reniant la condition de mon père
— en pensée, avec un semblant d'action —
je sais bien que j'y suis lié par la chaleur

des instincts, de cette beauté qui me passionne;
fasciné par une vie prolétaire
née bien avant toi, je fais ma religion

de sa joie, non de sa lutte
millénaire; de sa nature, non de sa
conscience; seule la force originelle

de l'homme, qui, en s'accomplissant, s'est enfuie,
lui donne l'ivresse de la nostalgie,
une lueur poétique : et je ne sais

io non so dirne, che non sia
giusto ma non sincero, astratto
amore, non accorante simpatia...

Come i poveri povero, mi attacco
come loro a umilianti speranze,
come loro per vivere mi batto

ogni giorno. Ma nella desolante
mia condizione di diseredato,
io possiedo : ed è il più esaltante

dei possessi borghesi, lo stato
più assoluto. Ma come io possiedo la storia,
essa mi possiede; ne sono illuminato :

ma a che serve la luce?

V

Non dico l'individuo, il fenomeno
dell'ardore sensuale e sentimentale...
altri vizi esso ha, altro è il nome

e la fatalità del suo peccare...
Ma in esso impastati quali comuni,
prenatali vizi, e quale

oggettivo peccato! Non sono immuni
gli interni e esterni atti, che lo fanno
incarnato alla vita, da nessuna

delle religioni che nella vita stanno,
ipoteca di morte, istituite
a ingannare la luce, a dar luce all'inganno.

rien en dire de plus, sinon ce qui serait
justesse, et non sincérité, amour
abstrait, et non poignante sympathie...

Pauvre parmi les pauvres, je m'attache,
comme eux, à d'humiliantes espérances,
et, comme eux, je lutte pour vivre

jour après jour. Mais, en ma désolante
condition de déshérité,
je possède, moi : la plus exaltante

des possessions bourgeoises, le bien
le plus absolu. Mais si je possède l'histoire
elle me possède elle aussi; je vis dans sa lumière :

mais à quoi bon la lumière?

V

Je ne parle pas de l'individu, de ce qu'il recèle
d'ardeur sensuelle et sentimentale...
ce ne sont pas ses vices, ce n'est pas là le nom

ni la fatalité de son péché...
Mais il est pétri de tant d'autres vices
communs, antérieurs à sa naissance, et d'un tel

péché objectif! Les actes,
nés en lui ou ailleurs, qui le font
s'éveiller à la vie, n'échappent à aucune

de ces religions qui dans la vie le suivent,
hypothèques de mort, instituées
pour abuser du jour, donner jour aux abus.

Destinate a esser seppellite
le sue spoglie al Verano, è cattolica
la sua lotta con esse : gesuitiche

le manìe con cui dispone il cuore;
e ancor più dentro : ha bibliche astuzie
la sua coscienza... e ironico ardore

liberale... e rozza luce, tra i disgusti
di dandy provinciale, di provinciale
salute... Fino alle infime minuzie

in cui sfumano, nel fondo animale,
Autorità e Anarchia... Ben protetto
dall'impura virtù e dall'ebbro peccare,

difendendo una ingenuità di ossesso,
e con quale coscienza!, vive l'io : io,
vivo, eludendo la vita, con nel petto

il senso di una vita che sia oblìo
accorante, violento... Ah come
capisco, muto nel fradicio brusio

del vento, qui dov'è muta Roma,
tra i cipressi stancamente sconvolti,
presso te, l'anima il cui graffito suona

Shelley... Come capisco il vortice
dei sentimenti, il capriccio (greco
nel cuore del patrizio, nordico

villeggiante) che lo inghiottì nel cieco
celeste del Tirreno; là carnale
gioia dell'avventura, estetica

Alors que sa dépouille est destinée à être
enterrée au Véran, c'est être catholique
que de lutter contre elle : c'est jésuitisme

que les manies qu'il ordonne en son cœur;
et en fouillant plus loin : sa conscience
a des ruses bibliques... une ironique ardeur

libérale... et la rude lumière, parmi des nausées
de dandy provincial, d'une santé
provinciale... Jusqu'à ces infimes détails

où s'estompent, sur fond animal,
Autorité et Anarchie... Bien à l'abri
de l'impure vertu et de l'ivresse du péché,

défendant une ingénuité d'obsédé,
et avec quel scrupule! tel vit le moi : tel
je vis, éludant la vie, avec en mon cœur

le sentiment d'une vie qui serait faite
d'oubli poignant, violent... Ah, comme je
comprends, muet, dans l'humide frisson

du vent, ici, où Rome fait silence,
parmi les cyprès bouleversés comme à regret,
près de toi, l'âme qu'une inscription nomme

Shelley... Que je comprends le tourbillon
de sentiments, le caprice (grec
au cœur de ce visiteur patricien,

nordique) qui l'engloutit dans l'aveugle
azur de la mer Tyrrhénienne; la joie
charnelle de l'aventure, faite d'enfance

e puerile : mentre prostrata l'Italia
come dentro il ventre di un'enorme
cicala, spalanca bianchi litorali,

sparsi nel Lazio di velate torme
di pini, barocchi, di giallognole
radure di ruchetta, dove dorme

col membro gonfio tra gli stracci un sogno
goethiano, il giovincello ciociaro...
Nella Maremma, scuri, di stupende fogne

d'erbasaetta in cui si stampa chiaro
il nocciòlo, pei viottoli che il buttero
della sua gioventù ricolma ignaro.

Ciecamente fragranti nelle asciutte
curve della Versilia, che sul mare
aggrovigliato, cieco, i tersi stucchi,

le tarsie lievi della sua pasquale
campagna interamente umana,
espone,.incupita sul Cinquale,

dipanata sotto le torride Apuane,
i blu vitrei sul rosa... Di scogli,
frane, sconvolti, come per un panico

di fragranza, nella Riviera, molle,
erta, dove il sole lotta con la brezza
a dar suprema soavità agli olii

del mare... E intorno ronza di lietezza
lo sterminato strumento a percussione
del sesso e della luce : così avvezza

et de beauté : tandis que l'Italie, prostrée
comme à l'intérieur du ventre d'une énorme
cigale, déploie de blancs rivages,

semés, dans le Latium, d'essaims voilés
de pins, baroques, de jaunâtres
éclaircies de fleurs de roquettes, où dort

le membre gonflé parmi ses haillons, en un songe
goethien, un ciociaro adolescent...
Assombris, en Maremme, d'incroyables traînées

de flèches d'eau, où se découpe la tache claire
des noisetiers, au long d'un sentier qu'un ignare
gardian fait déborder de jeunesse.

Aveuglément odorants dans les pures
courbes de la Versilia, qui, vers la mer,
enchevêtrée, aveugle, tourne

le stuc limpide, et les douces incrustations
de sa campagne pascale, entièrement
travaillée, obscurcie sur le Cinquale,

démêlée au pied des torrides Apuanes,
bleus vitreux sur le rose... Mêlés d'écueils,
d'éboulis, bouleversés, comme en une odorante

panique, sur la Riviera, moite,
escarpée, où le soleil lutte avec la brise
pour conférer leur suprême suavité aux huiles

de la mer... Et tout autour gronde de joie
sans fin, cet instrument à percussion
que font le sexe et la lumière : si familier

ne è l'Italia che non ne trema, come
morta nella sua vita : gridano caldi
da centinaia di porti il nome

del compagno i giovinetti madidi
nel bruno della faccia, tra la gente
rivierasca, presso orti di cardi,

in luride spiaggette...

Mi chiederai tu, morto disadorno,
d'abbandonare questa disperata
passione di essere nel mondo?

V I

Me ne vado, ti lascio nella sera
che, benchè triste, così dolce scende
per noi viventi, con la luce cerea

che al quartiere in penombra si rapprende.
E lo sommuove. Lo fa più grande, vuoto,
intorno, e, più lontano, lo riaccende

di una vita smaniosa che del roco
rotolìo dei tram, dei gridi umani,
dialettali, fa un concerto fioco

e assoluto. E senti come in quei lontani
esseri che, in vita, gridano, ridono,
in quei loro veicoli, in quei grami

caseggiati dove si consuma l'infido
ed espansivo dono dell'esistenza —
quella vita non è che un brivido;

pour l'Italie, qu'elle n'en tremble point, comme
inerte et vivante : chaleureux crient,
en des centaines de ports, le nom

de leur ami, des jeunes gens au brun
visage ruisselant, parmi les gens
du pays, au long des champs de chardons,

sur de petites plages sales...

Me demanderas-tu, mort décharné,
de renoncer à cette passion
désespérée d'être au monde?

V I

Je m'en vais, je te quitte, dans le soir,
qui, malgré sa tristesse, tombe si doux,
pour nous, vivants, dans la clarté cendrée

qui se raccroche au quartier dans la pénombre.
Et le travaille. Le grandit, en évide
les alentours, et, plus loin, le rallume

d'une vie furieuse, où le rauque
roulement des tramways, les cris humains,
dialectaux, forment un concert trouble

et absolu. Et on sent bien que pour ces êtres
vivants, au loin, qui crient, qui rient,
dans leurs véhicules, dans leurs mornes

îlôts de maisons où s'évanouit
le don perfide et expansif de l'existence —
cette vie n'est qu'un frisson;

corporea, collettiva presenza;
senti il mancare di ogni religione
vera; non vita, ma sopravvivenza

— forse più lieta della vita — come
d'un popolo di animali, nel cui arcano
orgasmo con ci sia altra passione

che per l'operare quotidiano :
umile fervore cui dà un senso di festa
l'umile corruzione. Quanto più è vano

— in questo vuoto della storia, in questa
ronzante pausa in cui la vita tace —
ogni ideale, meglio è manifesta

la stupenda, adusta sensualità
quasi alessandrina, che tutto minia
e impuramente accende, quando qua

nel mondo, qualcosa crolla, e si trascina
il mondo, nella penombra, rientrando
in vuote piazze, in scorate officine...

Già si accendono i lumi, costellando
Via Zabaglia, Via Franklin, l'intero
Testaccio, disadorno tra il suo grande

lurido monte, i lungoteveri, il nero
fondale, oltre il fiume, che Monteverde
ammassa o sfuma invisibile sul cielo.

Diademi di lumi che si perdono,
smaglianti, e freddi di tristezza
quasi marina... Manca poco alla cena;

présence charnelle, collective;
on sent l'absence de toute religion
véridique; non point vie, mais survie

— plus joyeuse, peut-être, que la vie — comme
en un peuple d'animaux, dont le secret
orgasme ignore toute autre passion

que celle du labeur de chaque jour :
humble ferveur, que vient parer d'un air de fête
l'humble corruption. Plus se fait vain

— en cette trêve de l'histoire, en cette
bruyante pause où la vie fait silence —
tout idéal, plus se révèle

la merveilleuse et brûlante sensualité
presque alexandrine, qui enlumine
et illumine tout d'un feu impur, alors qu'ici

un pan du monde s'écroule, et que ce monde
se traîne, dans la pénombre, pour retrouver
des places vides, de mornes ateliers...

Déjà s'allument les lumières, qui constellent
Via Zabaglia, Via Franklin, le Testaccio
tout entier, disgracieux, entre ce grand

mont sale, les bords du Tibre, le noir
décor, qu'au-delà du fleuve Monteverde
ramasse ou nuance, invisible, contre le ciel.

Diadèmes de lumières qui s'égrènent,
étincelantes, froides d'une tristesse
presque marine... Voici qu'il est temps de rentrer;

brillano i rari autobus del quartiere,
con grappoli d'operai agli sportelli,
e gruppi di militari vanno, senza fretta,

verso il monte che cela in mezzo a sterri
fradici e mucchi secchi d'immondizia
nell'ombra, rintanate zoccolette

che aspettano irose sopra la sporcizia
afrodisiaca : e, non lontano, tra casette
abusive ai margini del monte, o in mezzo

a palazzi, quasi a mondi, dei ragazzi
leggeri come stracci giocano alla brezza
non più fredda, primaverile; ardenti

di sventatezza giovanile la romanesca
loro sera di maggio scuri adolescenti
fischiano pei marciapiedi, nella festa

vespertina; e scrosciano le saracinesche
dei garages di schianto, gioiosamente,
se il buio ha resa serena la sera,

e in mezzo ai platani di Piazza Testaccio
il vento che cade in tremiti di bufera,
è ben dolce, benchè radendo i capellacci

e i tufi del Macello, vi si imbeva
di sangue marcio, e per ogni dove
agiti rifiuti e odore di miseria.

È un brusio la vita, e questi persi
in essa, la perdono serenamente,
se il cuore ne hanno pieno : a godersi

je vois luire les quelques autobus du quartier,
avec des grappes d'ouvriers aux portières,
et des soldats s'en vont en bande, sans se presser,

vers le mont où se nichent, parmi de gluants
déblais de terrain, et des amas d'ordures sèches,
blotties dans l'ombre, de petites prostituées,

qui attendent, fiévreuses, dans cette crasse
aphrodisiaque : et, pas très loin, parmi des maisonnettes
proscrites, en bordure du mont, ou au milieu

d'immeubles, pareils à des mondes, des enfants
jouent, légers comme des haillons, sous la brise
non plus froide, mais printanière; brûlants

d'insouciance juvénile, de bruns adolescents
sifflent, sur les trottoirs, en ce beau soir de Rome
du mois de mai, dans une fête

crépusculaire; et à grand bruit retombent
les rideaux de fer des garages, joyeusement,
alors qu'en s'endormant le soir s'est fait si calme,

et que, parmi les platanes de Piazza Testaccio
le vent où vient mourir en frissons la tempête
est bien doux, quoiqu'en frôlant les vieilles murailles

et le terreau des Abattoirs, il s'y imprègne
d'un sang fétide, et que partout
il remue détritus et odeur de misère.

La vie est bruissement, et ces gens qui
s'y perdent, la perdent sans nul regret,
puisqu'elle emplit leur cœur : on les voit qui

eccoli, miseri, la sera : e potente
in essi, inermi, per essi, il mito
rinasce... Ma io, con il cuore cosciente

di chi soltanto nella storia ha vita,
potrò mai più con pura passione operare,
se so che la nostra storia è finita?

1954

jouissent, en leur misère, du soir : et, puissant,
chez ces faibles, pour eux, le mythe
se recrée... Mais moi, avec le cœur conscient

de celui qui ne peut vivre que dans l'histoire,
pourrai-je désormais œuvrer de passion pure,
puisque je sais que notre histoire est finie?

1954

Gramsci est enterré dans une petite tombe du cimetière des Anglais,
entre la porte Saint-Paul et le Testaccio, non loin de la tombe de Shelley.
Sur le cippe, on ne lit qu'une inscription : « *Cinera Gramsci* », suivie des
dates. *(N.d.A.)*

COMICE
COMIZIO

. . . .

E nel senso di perdita del proprio
corpo, che dà un'angoscia improvvisa,
in silenzio al fianco mi si scopre

un compagno. Con me, intento e indeciso,
si muove tra la ressa, con me guarda
nei visi questa gente, con me il misero

corpo trascina tra petti che coccarde
colmano di vile orgoglio. Poi su me
posa lo sguardo. Tristemente gli arde

col pudore che ben conosco; ed è
così mio quello sguardo fraterno!
così profondamente familiare, nel

pensiero che dà a questi atti senso eterno!
E in questo triste sguardo d'intesa,
per la prima volta, dall'inverno

in cui la sua ventura fu appresa,
e mai creduta, mio fratello mi sorride,
mi è vicino. Ha dolorosa e accesa,

. . . .

Et en ce sentiment de perdre mon propre
corps, qui m'emplit d'une angoisse subite,
en silence voici qu'à mon flanc je découvre

un compagnon. Tout comme moi, attentif, indécis,
il s'avance dans la cohue, tout comme moi il scrute
du regard ces gens-là, tout comme moi il traîne

son misérable corps parmi ces torses que des cocardes
comblent d'un vil orgueil. Puis il pose
son regard sur le mien. Il brûle de tristesse,

avec une pudeur que je connais bien; et il est
si pareil au mien, ce regard fraternel!
si profondément familier, dans la

pensée qui donne à de tels actes un sens éternel!
Et en ce triste regard d'entente,
pour la première fois, depuis l'hiver

où nous apprîmes, sans jamais y croire,
son triste sort, mon frère me sourit,
tout près de moi. Il a, douloureuse, et qui brille

nel sorrisò, la luce con cui vide,
oscuro partigiano, non ventenne
ancora, come era da decidere

con vera dignità, con furia indenne
d'odio, la nuova nostra storia : e un'ombra,
in quei poveri occhi, umiliante e solenne...

Egli chiede pietà, con quel suo modesto,
tremendo sguardo, non per il suo destino,
ma per il nostro... Ed è lui, il troppo onesto,

il troppo puro, che deve andare a capo chino?
Mendicare un po' di luce per questo
mondo rinato in un oscuro mattino?

1954

dans son sourire, la lumière qui lui fit voir,
obscur partisan, qui n'avait pas
vingt ans encore, en quel sens il fallait choisir

avec une dignité vraie, avec une fureur exempte
de haine, notre nouvelle histoire : et une ombre,
en ces pauvres yeux, humiliante et solennelle...

Il implore pitié, avec son modeste,
son terrible regard, et non pour son destin,
mais pour le nôtre... Est-ce à lui, trop honnête,

trop pur, de s'en aller tête baissée?
Mendier un peu de lumière pour ce
monde ressuscité par un obscur matin?

1954

Mon frère Guido, après avoir lutté héroïquement pendant un an, en
.ant que partisan, dans les rangs de la brigade « Osoppe », est tombé, sur
es monts de la Vénétie julienne, en février 1945. *(N.d.A.)*

Nous n'avons traduit ici, avec l'accord de Pier Paolo Pasolini, que la
lernière séquence de ce poème, qui en comporte quatre. *(N.d.T.)*

LES PLEURS
DE L'EXCAVATRICE

IL PIANTO DELLA SCAVATRICE

I

Solo l'amare, solo il conoscere
conta, non l'aver amato,
non l'aver conosciuto. Dà angoscia

il vivere di un consumato
amore. L'anima non cresce più.
Ecco nel calore incantato

della notte che piena quaggiù
tra le curve del fiume e le sopite
visioni della città sparsa di luci,

echeggia ancora di mille vite,
disamore, mistero, e miseria
dei sensi, mi rendono nemiche

le forme del mondo, che fino a ieri
erano la mia ragione d'esistere.
Annoiato, stanco, rincaso, per neri

piazzali di mercati, tristi
strade intorno al porto fluviale,
tra le baracche e i magazzini misti

I

Ce n'est qu'aimer, et que connaître,
qui compte, non d'avoir aimé,
ni d'avoir connu. C'est angoisse

que vivre d'un amour
révolu. L'âme ne grandit plus.
Voici que dans la chaleur enchantée

de la nuit noire, qui, là-bas,
parmi les méandres du fleuve, et la vision
de la ville assoupie parsemée de lumières,

frémit encore de mille vies,
désaffection, mystère, et misère
des sens, me rendent hostiles

ces formes du monde, qui, hier encore,
constituaient ma raison d'être.
Triste et las, je rentre chez moi, parmi

de noires places de marché, de tristes
routes, tout autour du port fluvial,
parmi les baraques et les entrepôts mêlés

agli ultimi prati. Lì mortale
è il silenzio : ma giù, a viale Marconi,
alla stazione di Trastevere, appare

ancora dolce la sera. Ai loro rioni,
alle loro borgate, tornano su motori
leggeri — in tuta o coi calzoni

di lavoro, ma spinti da un festivo ardore
i giovani, coi compagni sui sellini,
ridenti, sporchi. Gli ultimi avventori

chiacchierano in piedi con voci
alte nella notte, qua e là, ai tavolini
dei locali ancora lucenti e semivuoti.

Stupenda e misera città,
che m'hai insegnato ciò che allegri e feroci
gli uomini imparano bambini,

le piccole cose in cui la grandezza
della vita in pace si scopre, come
andare duri e pronti nella ressa

delle strade, rivolgersi a un altro uomo
senza tremare, non vergognarsi
di guardare il denaro contato

con pigre dita dal fattorino
che suda contro le facciate in corsa
in un colore eterno d'estate;

a difendermi, a offendere, ad avere
il mondo davanti agli occhi e non
soltanto in cuore, a capire

aux derniers prés. Ici règne un silence
de mort : mais tout en bas, boulevard Marconi,
ou à la gare, au bord du Tibre, le soir

paraît encore doux. Vers leurs faubourgs,
leurs hameaux, s'en retournent sur de petites
motos — en bleus, ou bien en pantalons

de travail, mais pleins d'un entrain joyeux,
des jeunes gens, avec un camarade en selle,
hilares, crasseux. Les derniers clients

bavardent, debout, à voix
haute, çà et là, dans la nuit, aux tables
des cafés encore éclairés et presque vides.

Pauvre, merveilleuse cité,
tu m'as appris ce que les hommes,
joyeux et cruels, apprennent, enfants,

les petites choses où se découvre
la paisible grandeur de la vie, le fait, ainsi,
de marcher, vigilant et dur, dans la cohue

de la rue, de s'adresser à un autre homme
sans trembler devant lui, de ne pas avoir honte
de vérifier l'argent compté

d'un doigt paresseux, par l'employé
qui file, en sueur, au long des façades,
dans la couleur d'un éternel été;

me défendre, attaquer, avoir
le monde sous les yeux, et non
seulement dans mon cœur, comprendre

che pochi conoscono le passioni
in cui io sono vissuto :
che non mi sono fraterni, eppure sono

fratelli proprio nell'avere
passioni di uomini
che allegri, inconsci, interi

vivono di esperienze
ignote a me. Stupenda e misera
città che mi hai fatto fare

esperienza di quella vita
ignota : fino a farmi scoprire
ciò che, in ognuno, era il mondo.

Una luna morente nel silenzio,
che di lei vive, sbianca tra violenti
ardori, che miseramente sulla terra

muta di vita, coi bei viali, le vecchie
viuzze, senza dar luce abbagliano
e, in tutto il mondo, le riflette

lassù, un po' di calda nuvolaglia.
È la notte più bella dell' estate.
Trastevere, in un odore di paglia

di vecchie stalle, di svuotate
osterie, non dorme ancora.
Gli angoli bui, le pareti placide

risuonano d'incantati rumori.
Uomini e ragazzi se ne tornano a casa
— sotto festoni di luci ormai sole —

que peu de gens connaissent les passions
dont est faite ma vie :
que s'ils n'ont rien de fraternel, ce sont pourtant

des frères, puisqu'ils connaissent, justement,
des passions d'hommes,
et que, joyeux, inconscients, absolus,

ils vivent d'expériences
qui me sont inconnues. Pauvre, merveilleuse
cité, tu m'as fait faire

l'expérience de cette vie
inconnue : jusqu'à me faire découvrir
ce qu'était, pour chacun, le monde.

Une lune qui meurt dans le silence
qu'elle nourrit, blêmit en de violentes
lueurs, qui, misérables, sur la terre

où se tait la vie, sur les belles allées, les vieilles
ruelles, éblouissent, mais sans clarté,
tandis qu'à l'infini les reflètent

là-haut, quelques haillons de chaudes nuées.
C'est la plus belle nuit de l'été.
Trastevere, dans son odeur de paille,

de vieilles étables, d'auberges
vides, n'est pas encore endormi.
Les noirs recoins, les murs paisibles,

résonnent d'enchantement, de bruit.
Hommes, enfants, rentrent chez eux
— sous des guirlandes de lumière, abandonnées désor-
     mais —

verso i loro vicoli, che intasano
buio e immondizia, con quel passo blando
da cui più l'anima era invasa

quando veramente amavo, quando
veramente volevo capire.
E, come allora, scompaiono cantando.

vers leurs ruelles, qu'obstruent
l'obscurité et les ordures, de ce pas lent,
qui se gravait au plus profond de mon âme

quand j'aimais vraiment, quand
je voulais vraiment comprendre.
Et, comme alors, ils disparaissent en chantant.

II

Povero come un gatto del Colosseo,
vivevo in una borgata tutta calce
e polverone, lontano dalla città

e dalla campagna, stretto ogni giorno
in un autobus rantolante :
e ogni andata, ogni ritorno

era un calvario di sudore e di ansie.
Lunghe camminate in una calda caligine,
lunghi crepuscoli davanti alle carte

ammucchiate sul tavolo, tra strade di fango,
muriccioli, casette bagnate di calce
e senza infissi, con tende per porte...

Passavano l'olivaio, lo straccivendolo,
venendo da qualche altra borgata,
con l'impolverata merce che pareva

frutto di furto, e una faccia crudele
di giovani invecchiati tra i vizi
di chi ha una madre dura e affamata.

II

Pauvre comme un chat du Colisée,
je vivais dans une bourgade faite de chaux
et de nuées de poussière, loin de la ville

et de la campagne, coincé tous les jours
dans un autobus branlant :
et chaque aller, chaque retour,

était un calvaire de sueur et d'angoisse.
De longues marches dans une chaude brume,
de longs crépuscules devant les feuillets

entassés sur la table, et les chemins de boue,
les murettes, les masures enduites de chaux
avec leurs murs nus, et des rideaux en guise de porte...

Le marchand d'olives, le fripier passaient,
venus de quelque autre bourgade,
avec leur marchandise poussiéreuse qui semblait

être le fruit d'un vol, et l'allure cruelle
de jeunes gens vieillis parmi les vices
comme ceux dont la mère est âpre, et a faim.

Rinnovato dal mondo nuovo,
libero — una vampa, un fiato
che non so dire, alla realtà

che umile e sporca, confusa e immensa,
brulicava nella meridionale periferia, .
dava un senso di serena pietà.

Un'anima in me, che non era solo mia,
una piccola anima in quel mondo sconfinato,
cresceva, nutrita dall'allegria

di chi amava, anche se non riamato.
E tutto si illuminava, a questo amore.
Forse ancora di ragazzo, eroicamente,

e però maturato dall'esperienza
che nasceva ai piedi della storia.
Ero al centro del mondo, in quel mondo

di borgate tristi, beduine,
di gialle praterie sfregate
da un vento sempre senza pace,

venisse dal caldo mare di Fiumicino,
o dall'agro, dove si perdeva
la città fra i tuguri; in quel mondo

che poteva soltanto dominare,
quadrato spettro giallognolo
nella giallognola foschia,

bucato da mille file uguali
di finestre sbarrate, il Penitenziario
tra vecchi campi e sopiti casali.

Neuf, dans la nouveauté du monde,
libre — une ardeur, un souffle
que je ne puis décrire, emplissait la réalité

humble et sordide, immense et confuse,
qui fourmillait en ces faubourgs méridionaux,
d'un sentiment de piété tranquille.

Une âme, en moi, qui n'était pas tout à fait mienne,
une petite âme, en ce monde infini,
croissait, nourrie de l'allégresse

de celui qui aimait, même sans être aimé.
Et tout s'éclairait, à cet amour.
Peut-être encore un amour d'enfant, héroïque,

et pourtant mûri par l'expérience
qui naissait au pied de l'histoire.
J'étais au cœur du monde, en ce monde

de hameaux tristes, bédouins,
de jaunes prairies rabotées
par un vent qui jamais ne faisait trêve,

venant de la mer chaude de Fiumicino,
ou de la plaine, où se perdait
la ville parmi les masures; un monde

sur lequel pouvait seul régner,
fantôme carré et jaunâtre,
en cette brume, jaunâtre aussi,

percé de mille rangées identiques
de fenêtres et de barreaux, le Pénitencier,
parmi les champs antiques et les hameaux assoupis.

Le cartacce e la polvere che cieco
il venticello trascinava qua e là,
le povere voci senza eco

di donnette venute dai monti
Sabini, dall'Adriatico, e qua
accampate, ormai con torme

di deperiti e duri ragazzini
stridenti nelle canottiere a pezzi,
nei grigi, bruciati calzoncini,

i soli africani, le piogge agitate
che rendevano torrenti di fango
le strade, gli autobus ai capolinea

affondati nel loro angolo
tra un'ultima striscia d'erbe bianca
e qualche acido, ardente immondezzaio...

era il centro del mondo, com'era
al centro della storia il mio amore
per esso : e in questa

maturità che per essere nascente
era ancora amore, tutto era
per divenire chiaro — era,

chiaro! Quel borgo nudo al vento,
non romano, non meridionale,
non operaio, era la vita

nella sua luce più attuale :
vita, e luce della vita, piena
nel caos non ancora proletario,

Les lambeaux de papier et la poussière qu'en aveugle
le vent léger entraînait çà et là,
les pauvres voix sans résonance

d'humbles femmes venues des monts
Sabins, de l'Adriatique, et qui maintenant
campaient là, avec des essaims

de gamins durs et amaigris,
hurlant, dans leurs tricots déguenillés,
leurs culottes courtes délavées et brûlées,

les soleils africains, les violentes pluies
qui changeaient en torrents de boue
les chemins, les autobus en bout de ligne

enfouis, chacun dans son coin,
entre une dernière traînée d'herbe blanche
et quelque tas d'ordures, aigre et ardent...

c'était le centre du monde, tout comme était
au centre de l'histoire mon amour
pour cela : et en cette

maturité, qui, n'en étant qu'à sa naissance,
était encore amour, tout était
sur le point de devenir clair — tout était

clair! Ce bourg nu, dans le vent,
n'était plus romain, ni méridional,
ni ouvrier, c'était la vie

dans sa lumière la plus réelle :
vie, et lumière de la vie, emplie
d'un chaos non encore prolétaire,

come la vuole il rozzo giornale
della cellula, l'ultimo
sventolio del rotocalco : osso

dell'esistenza quotidiana,
pura, per essere fin troppo
prossima, assoluta per essere

fin troppo miseramente umana.

comme le veut le grossier journal
de la cellule, le dernier
imprimé qu'on agite : os

de la vie de tous les jours,
pure, de n'être que trop
proche, absolue, de n'être que

trop misérablement humaine.

III

E ora rincaso, ricco di quegli anni
così nuovi che non avrei mai pensato
di saperli vecchi in un'anima

a essi lontana, come a ogni passato.
Salgo i viali del Gianicolo, fermo
da un bivio liberty, a un largo alberato,

a un troncone di mura — ormai al termine
della città sull'ondulata pianura
che si apre sul mare. E mi rigermina

nell'anima — inerte e scura
come la notte abbandonata al profumo —
una semenza ormai troppo matura

per dare ancora frutto, nel cumulo
di una vita tornata stanca e acerba...
Ecco Villa Pamphili, e nel lume

che tranquillo riverbera
sui nuovi muri, la via dove abito.
Presso la mia casa, su un'erba

III

Et maintenant je rentre, riche de ces années
si fraîches que je n'aurais jamais pensé
les retrouver fanées, en mon âme

qui s'en est éloignée, comme il en va pour tout passé.
Je grimpe au long des allées du Janicule, figé
d'un carrefour liberty à une place plantée d'arbres,

ou à un tronçon de rempart — désormais tout au bout
de la ville, face à la plaine onduleuse
qui s'ouvre sur la mer. Et de nouveau je sens germer

en mon âme — inerte et obscure
comme la nuit qui s'abandonne aux parfums —
une semence désormais trop mûre

pour pouvoir encore fructifier, dans le désordre
d'une vie redevenue âpre et lasse...
Voici Villa Pamphili, et dans la clarté

qui tranquillement se reflète
sur des murs neufs, la rue où j'habite.
Près de ma maison, sur une herbe

ridotta a un'oscura bava,
una traccia sulle voragini scavate
di fresco, nel tufo — caduta ogni rabbia

di distruzione — rampa contro radi palazzi
e pezzi di cielo, inanimata,
una scavatrice...

Che pena m'invade, davanti a questi attrezzi
supini, sparsi qua e là nel fango,
davanti a questo canovaccio rosso

che pende a un cavalletto, nell'angolo
dove la notte sembra più triste?
Perchè, a questa spenta tinta di sangue,

la mia coscienza così ciecamente resiste,
si nasconde, quasi per un ossesso
rimorso che tutta, nel fondo, la contrista?

Perchè dentro in me è lo stesso senso
di giornate per sempre inadempite
che è nel morto firmamento

in cui sbianca questa scavatrice?

Mi spoglio in una delle mille stanze
dove a via Fonteiana si dorme.
Su tutto puoi scavare, tempo : speranze

passioni. Ma non su queste forme
pure della vita... Si riduce
ad esse l'uomo, quando colme

siano esperienza e fiducia
nel mondo... Ah, giorni di Rebibbia,
che io credevo persi in una luce

qui n'est plus qu'une bave sombre,
une frange, au-dessus de gouffres
fraîchement creusés dans le tuf — évanouie toute rage

de destruction — rampe, contre de rares
immeubles, et des lambeaux de ciel, inanimée,
une excavatrice...

Pourquoi cette douleur, devant ces outils
renversés, dispersés çà et là dans la boue,
ainsi que devant ce haillon rouge

suspendu à un chevalet, dans l'angle
où la nuit paraît la plus triste?
Pourquoi, devant cette couleur de sang fané,

ma conscience, si aveuglément, renâcle-t-elle,
jusqu'à se dérober, comme obsédée
d'un remords qui, au fond, l'endeuille tout entière?

Pourquoi trouver en moi ce même sentiment
de journées à jamais inachevées
que l'on retrouve dans la mort du firmament

sous lequel blêmit cette excavatrice?

Je me dévêts, dans une pièce comme tant d'autres;
c'est là que, via Fonteiana, l'on dort.
Tu peux tout dégrader, temps : espérances,

passions. Mais non ces pures
formes de vie... C'est avec elles
que se confond l'homme, venu à bout

d'expérience et de confiance
en ce monde... Ah, journées de Rebibbia,
que je croyais perdues dans la lumière

di necessità, e che ora so così liberi!

Insieme al cuore, allora, pei difficili
casi che ne avevano sperduto
il corso verso un destino umano,

guadagnando in ardore la chiarezza
negata, e in ingenuità
il negato equilibrio — alla chiarezza

all'equilibrio giungeva anche,
in quei giorni, la mente. E il cieco
rimpianto, segno di ogni mia

lotta col mondo, respingevano, ecco,
adulte benchè inesperte ideologie...
Si faceva, il mondo, soggetto

non più di mistero ma di storia.
Si moltiplicava per mille la gioia
del conoscerlo — come

ogni uomo, umilmente, conosce.
Marx o Gobetti, Gramsci o Croce,
furono vivi nelle vive esperienze.

Mutò la materia di un decennio d'oscura
vocazione, se mi spesi a far chiaro ciò
che più pareva essere ideale figura

a una ideale generazione;
in ogni pagina, in ogni riga
che scrivevo, nell'esilio di Rebibbia,

c'era quel fervore, quella presunzione,
quella gratitudine. Nuovo
nella mia nuova condizione

de la nécessité, et que je découvre si libres!

Avec mon cœur, alors, au gré
des hasards difficiles, qui en avaient troublé
le cours, vers un destin d'homme,

regagnant en ardeur ce qu'on lui déniait
en clarté, et en sincérité
ce déni d'équilibre — s'assurait,

justement, la clarté, l'équilibre,
en ce temps-là, mon esprit. Et cet aveugle
regret, signe de toutes mes

luttes avec le monde, était alors maîtrisé
par des idéologies adultes, bien que novices...
Un monde qui devenait objet

non plus de mystère, mais d'histoire.
Je ressentais mille fois la joie
de le connaître — comme

tout homme, humblement, le connaît.
Marx ou Gobetti, Gramsci ou Croce,
vivaient dans le vif de mes expériences.

Puis la matière de dix années d'obscure
vocation changea, quand je m'attachai à clarifier ce
qui semblait être la physionomie idéale

d'une génération, idéale aussi :
dans chaque page, dans chaque ligne
que j'écrivais, dans l'exil de Rebibbia,

vivaient cette ferveur, cette présomption,
cette gratitude. Neuf
en ma condition nouvelle

di vecchio lavoro e di vecchia miseria,
i pochi amici che venivano
da me, nelle mattine o nelle sere

dimenticate sul Penitenziario,
mi videro dentro una luce viva:
mite, violento rivoluzionario

nel cuore e nella lingua. Un uomo fioriva

de vieux travail et de vieille misère,
les quelques amis qui venaient
me voir, en ces matins, ou en ces soirs

oubliés sur le Pénitencier,
me virent tout baigné d'une vivante lumière :
doux, violent révolutionnaire

par le langage et par le cœur. Un homme fleurissait.

I V

Mi stringe contro il suo vecchio vello,
che profuma di bosco, e mi posa
il muso con le sue zanne di verro

o errante orso dal fiato di rosa,
sulla bocca : e intorno a me la stanza
è una radura, la coltre corrosa

dagli ultimi sudori giovanili, danza
come un velame di pollini... E infatti
cammino per una strada che avanza

tra i primi prati primaverili, sfatti
in una luce di paradiso...
Trasportato dall'onda dei passi,

questa che lascio alle spalle, lieve e misero,
non è la periferia di Roma : « Viva
Mexico! » è scritto a calce o inciso

sui ruderi dei templi, sui muretti ai bivii,
decrepiti, leggeri come osso, ai confini
di un bruciante cielo senza un brivido.

IV

Il me serre tout contre sa vieille toison
qui sent la forêt, et il pose
son mufle avec ses crocs de verrat,

ou d'ours errant à l'haleine de rose,
contre ma bouche : et tout autour la chambre
s'est faite clairière, la couche, rongée

par mes dernières sueurs de jeunesse, vibre
comme un essaim de grains de pollen... Et en effet
je chemine le long d'une route qui mène

parmi les premiers prés, que le printemps défait
dans une lumière paradisiaque...
Porté par le flot de mes pas,

ces faubourgs que je laisse, pauvre, le cœur léger,
derrière moi, ne sont pas ceux de Rome : « *Viva
Mexico!* » peut-on lire, écrit à la chaux ou gravé,

sur les ruines des temples, sur les petits murs aux
    carrefours,
décrépis, et poreux comme des os, aux frontières
d'un ciel en feu, sans le moindre frisson.

Ecco, in cima a una collina
fra le ondulazioni, miste alle nubi,
di una vecchia catena appenninica,

la città, mezza vuota, benchè sia l'ora
della mattina, quando vanno le donne
alla spesa — o del vespro che indora

i bambini che corrono con le mamme
fuori dai cortili della scuola.
Da un gran silenzio le strade sono invase :

si perdono i selciati un po' sconnessi,
vecchi come il tempo, grigi come il tempo,
e due lunghi listoni di pietra

corrono lungo le strade, lucidi e spenti.
Qualcuno, in quel silenzio, si muove :
qualche vecchia, qualche ragazzetto

perduto nei suoi giuochi, dove
i portali di un dolce Cinquecento
s'aprano sereni, o un pozzetto

con bestioline intarsiate sui bordi
posi sopra la povera erba,
in qualche bivio o canto dimenticato.

Si apre sulla cima del colle l'erma
piazza del comune, e fra casa
e casa, oltre un muretto, e il verde

d'un grande castagno, si vede
lo spazio della valle : ma non la valle.
Uno spazio che tremola celeste

Voici, tout en haut d'une colline,
parmi les ondulations, mêlées aux nues,
d'une vieille chaîne apennine,

la ville, à moitié vide, bien qu'il soit l'heure
où, le matin, les femmes vont
aux commissions — ou bien celle où le soir dore

les enfants qui courent avec leur mère
hors de l'enceinte de l'école.
Un grand silence a envahi les rues :

on voit se perdre les pavés un peu disjoints,
vieux comme le temps, et gris comme lui,
tandis que deux longs rebords de pierre

courent le long des routes, luisants et ternis.
En ce silence, une ombre bouge :
une vieille, ou quelque gamin

perdu dans ses jeux, qui regarde
de doux portails du Seizième
s'ouvrir, sereins, ou un bassin

avec des insectes incrustés sur ses bords,
apparaître sur l'herbe maigre,
à quelque carrefour, en quelque coin oublié.

En haut de la colline s'allonge, déserte,
la place communale, et, entre les maisons,
au-delà d'un mur, et du feuillage

d'un grand châtaignier, on peut discerner
l'échancrure de la vallée : mais non la vallée.
Un tremblant espace bleu pâle

o appena cereo... Ma il Corso continua,
oltre quella famigliare piazzetta
sospesa nel cielo appenninico :

s'interna fra case più strette, scende
un po' a mezza costa : e più in basso
— quando le barocche casette diradano —

ecco apparire la valle — e il deserto.
Ancora solo qualche passo
verso la svolta, dove la strada

è già tra nudi praticelli erti
e ricciuti. A manca, contro il pendio,
quasi fosse crollata la chiesa,

si alza gremita di affreschi, azzurri,
rossi, un'abside, pèsta di volute
lungo le cancellate cicatrici

del crollo — da cui soltanto essa,
l'immensa conchiglia, sia rimasta
a spalancarsi contro il cielo.

È lì, da oltre la valle, dal deserto,
che prende a soffiare un'aria, lieve, disperata,
che incendia la pelle di dolcezza...

È come quegli odori che, dai campi
bagnati di fresco, o dalle rive di un fiume,
soffiano sulla città nei primi

giorni di bel tempo : e tu
non li riconosci, ma impazzito
quasi di rimpianto, cerchi di capire

ou très légèrement cendré... Mais une allée prolonge
cette petite place familière
suspendue dans le ciel des Apennins :

elle s'enfonce dans l'étreinte des maisons, elle s'abaisse
un peu jusqu'à mi-côte : et en contrebas
— là où les maisonnettes baroques s'espacent —

on découvre enfin la vallée — et le désert.
Il suffit d'avancer de quelques pas encore
vers le tournant, là où la route

court parmi de petits prés nus, escarpés
et touffus. A gauche, tout contre la pente,
il semble que se soit effondrée une église,

et l'on voit se dresser, chargée de fresques aux tons bleus
ou pourpres, une abside, aux volutes brisées,
au long des cicatrices effacées

de cet effondrement — après lequel, seul,
ce coquillage immense subsiste,
béant, contre le ciel.

Là, venu d'au-delà de la vallée, du désert,
se lève alors un vent léger, désespéré,
qui pose sur la peau une douce brûlure...

Il est pareil à l'une de ces senteurs qui, des champs
fraîchement arrosés, ou des rives d'un fleuve,
soufflent vers la cité, aussitôt que reviennent

les premiers beaux jours : et toi
tu ne sais pas les reconnaître, mais
comme fou de regret, tu cherches à comprendre

se siano di un fuoco acceso sulla brina,
oppure di uve o nespole perdute
in qualche granaio intiepidito

dal sole della stupenda mattina.
Io grido di gioia, così ferito
in fondo ai polmoni da quell'aria·

che come un tepore o una luce
respiro guardando la vallata
. . . .

s'il s'agit là d'un feu allumé sur le givre,
ou bien de raisins, ou de nèfles, enfouis
en quelque grenier que tiédit

le merveilleux soleil de ce matin-ci.
Moi je crie de joie, tant me blesse,
au fond de mes poumons, cet air que,

tout comme une tiédeur ou comme une clarté,
je respire, tout en contemplant la vallée

. . . .

                             .

V

Un po' di pace basta a rivelare
dentro il cuore l'angoscia,
limpida, come il fondo del mare

in un giorno di sole. Ne riconosci,
senza provarlo, il male
lì, nel tuo letto, petto, coscie

e piedi abbandonati, quale
un crocifisso — o quale Noè
ubriaco, che sogna, ingenuamente ignaro

dell'allegria dei figli, che
su lui, i forti, i puri, si divertono..:
il giorno è ormai su di te,

nella stanza come un leone dormente.

Per quali strade il cuore
si trova pieno, perfetto anche in questa
mescolanza di beatitudine e dolore?

Un po' di pace... E in te ridesta
è la guerra, è Dio. Si distendono
appena le passioni, si chiude la fresca

V

Il suffit d'un instant de paix pour révéler,
au fond du cœur, l'angoisse,
limpide comme le fond de la mer

par un jour de soleil. Tu en reconnais,
sans la ressentir, la souffrance,
là, dans ton lit, poitrine, cuisses

et pieds relâchés, tel
un crucifié — ou tel Noé
qui rêve en son ivresse, et, naïf, ignore

la joie de ses fils, tandis que ceux-ci,
si puissants, si purs, se moquent de lui...
le jour est désormais sur toi,

dans la pièce, comme un lion dormant.

Par quels chemins le cœur
peut-il goûter une parfaite plénitude, en ce
mélange de béatitude et de douleur?

Il suffit d'un instant de paix pour que s'éveillent
en toi la guerre, en toi Dieu. A peine les passions
se sont-elles apaisées, à peine s'est fermée

ferita appena, che già tu spendi
l'anima, che pareva tutta spesa,
in azioni di sogno che non rendono

niente... Ecco, se acceso
alla speranza — che, vecchio leone
puzzolente di vodka, dall'offesa

sua Russia giura Krusciov al mondo —
ecco che tu ti accorgi che sogni.
Sembra bruciare nel felice agosto

di pace, ogni tua passione, ogni
tuo interiore tormento,
ogni tua ingenua vergogna

di non essere — nel sentimento —
al punto in cui il mondo si rinnova.
Anzi, quel nuovo soffio di vento

ti ricaccia indietro, dove
ogni vento cade : e lì, tumore
che si ricrea, ritrovi

il vecchio crogiolo d'amore,
il senso, lo spavento, la gioia.
E proprio in quel sopore

è la luce... in quella incoscienza
d'infante, d'animale o ingenuo libertino
è la purezza... i più eroici

furori in quella fuga, il più divino
sentimento in quel basso atto umano
consumato nel sonno mattutino.

une fraîche blessure, et déjà, tu prodigues
une âme qui semblait entièrement prodiguée
en des actions de rêve, qui ne mènent

à rien... Voici que, sitôt pris
par l'espérance — que, vieux lion
puant la vodka, depuis sa Russie

humiliée Khrouchtchev jure au monde —
voici que tu t'aperçois que tu rêves.
On croit sentir brûler en cette heureuse paix

du mois d'août, toute ta passion, tout
ton secret tourment,
toute ta honte naïve

de ne point te trouver — avec tes sentiments —
là où se modifie le monde.
Bien plus, ce nouveau souffle de vent

te rejette en arrière, là où
il n'y a plus de vent du tout : et là, tumeur
qui se recrée, tu retrouves

le vieux creuset d'amour,
sens, épouvante, joie.
Et c'est justement en cette torpeur

qu'est la lumière... en cette inconscience
d'enfant, d'animal ou d'ingénu libertin
qu'est la pureté... les transports

les plus héroïques en cette fuite, le sentiment
le plus divin, en cet acte humblement humain
que tu accomplis dans le sommeil du matin.

Nella vampa abbandonata
del sole mattutino — che riarde,
ormai, radendo i cantieri, sugli infissi

riscaldati — disperate
vibrazioni raschiano il silenzio
che perdutamente sa di vecchio latte,

di piazzette vuote, d'innocenza.
Già almeno dalle sette, quel vibrare
cresce col sole. Povera presenza

d'una dozzina d'anziani operai,
con gli stracci e le canottiere arsi
dal sudore, le cui voci rare,

le cui lotte contro gli sparsi
blocchi di fango, le colate di terra,
sembrano in quel tremito disfarsi.

Ma tra gli scoppi testardi della
benna, che cieca sembra, cieca
sgretola, cieca afferra,

VI

En cet abandon où flamboie
le soleil du matin — qui resplendit
maintenant, frôlant les chantiers, sur les installations

qu'il tiédit — des vibrations
désespérées écorchent le silence,
où flotte éperdument une odeur de vieux lait,

de petites places vides, d'innocence.
Depuis sept heures du matin, au moins, cette vibration
croît avec le soleil. Pauvre présence

d'une douzaine d'ouvriers déjà âgés,
avec leurs haillons et leurs tricots de peau brûlés
de sueur, dont les voix, rares,

dont les luttes contre les blocs
de boue, épars, les coulées de terre,
semblent en ce tressaillement se défaire.

Mais parmi les explosions têtues de la
benne, qui aveuglément broie,
aveuglément triture, aveuglément empoigne,

quasi non avesse meta,
un urlo improvviso, umano,
nasce, e a tratti si ripete,

così pazzo di dolore, che, umano,
subito non sembra più, e ridiventa
morto stridore. Poi, piano,

rinasce, nella luce violenta,
tra i palazzi accecati, nuovo, uguale,
urlo che solo chi è morente,

nell'ultimo istante, può gettare
in questo sole che crudele ancora splende
già addolcito da un po' d'aria di mare...

A gridare è, straziata
da mesi e anni di mattutini
sudori — accompagnata

dal muto stuolo dei suoi scalpellini,
la vecchia scavatrice : ma, insieme, il fresco
sterro sconvolto, o, nel breve confine

dell'orizzonte novecentesco,
tutto il quartiere... È la città,
sprofondata in un chiarore di festa,

— è il mondo. Piange ciò che ha
fine e ricomincia. Ciò che era
area erbosa, aperto spiazzo, e si fa

cortile, bianco come cera,
chiuso in un decoro ch'è rancore;
ciò che era quasi una vecchia fiera

sans but, à ce qu'il semble,
un hurlement, humain, naît soudain,
puis, périodiquement, se répète,

fou de tant de douleur que très vite il semble
n'avoir plus rien d'humain, et redevient
morte stridence. Puis, doucement,

il renaît, en cette clarté brutale,
parmi les immeubles éblouis, à nouveau pareil,
un hurlement que seul un mourant

peut proférer, en son instant suprême,
sous ce soleil dont l'éclat blesse encore,
mais qu'adoucit déjà l'haleine de la mer...

Qui hurle ainsi? C'est, déchirée
par des mois, des années de peine
matinale — accompagnée

par la cohue muette de ses ciseaux,
la vieille excavatrice : mais c'est aussi le frais
terreau bouleversé, ou, dans l'étroite enceinte

d'un horizon de notre siècle,
le quartier tout entier... C'est la ville,
enfouie dans une lueur de fête,

— c'est le monde. Ce qui pleure, c'est ce qui prend
fin, et qui recommence. Ce qui était
champ d'herbe, espace ouvert, et qui devient

une cour, blanche comme cire,
murée dans une dignité faite de rancœur;
ce qui avait l'air d'une vieille foire

di freschi intonachi sghembi al sole,
e si fa nuovo isolato, brulicante
in un ordine ch'è spento dolore.

Piange ciò che muta, anche
per farsi migliore. La luce
del futuro non cessa un solo istante

di ferirci : è qui, che brucia
in ogni nostro atto quotidiano,
angoscia anche nella fiducia

che ci dà vita, nell'impeto gobettiano
verso questi operai, che muti innalzano,
nel rione dell'altro fronte umano,

il loro rosso straccio di speranza.

1956

de crépissages frais, tortueux, au soleil,
et devient un nouvel îlot, tout fourmillant,
dans un ordre qui n'est que douleur étouffée.

Ce qui pleure, c'est ce qui change, même si
c'est pour être meilleur. La lumière
du futur ne saurait cesser un seul instant

de nous blesser : elle est là, qui nous brûle,
en chacun de nos actes quotidiens,
angoisse, même en cette confiance

qui nous donne la vie, dans l'élan gobettien
vers ces ouvriers, qui, muets, arborent,
en ce quartier, sur l'autre front humain,

leur rouge chiffon d'espérance.

1956

La Religion de notre temps
La Religione del mio tempo

A Elsa Morante

LA RÉSISTANCE
ET SA LUMIÈRE

LA RESISTENZA E LA SUA LUCE

Così giunsi ai giorni della Resistenza
senza saperne nulla se non lo stile :
fu stile tutta luce, memorabile coscienza
di sole. Non potè mai sfiorire,
neanche per un istante, neanche quando
l'Europa tremò nella più morta vigilia.
Fuggimmo con le masserizie su un carro
da Casarsa a un villaggio perduto
tra rogge e viti : ed era pura luce.
Mio fratello partì, in un mattino muto
di marzo, su un treno, clandestino,
la pistola in un libro : ed era pura luce.
Visse a lungo sui monti, che albeggiavano
quasi paradisiaci nel tetro azzurrino
del piano friulano : ed era pura luce.
Nella soffitta del casolare mia madre
guardava sempre perdutamente quei monti,
già conscia del destino : ed era pura luce.
Coi pochi contadini intorno
vivevo una gloriosa vita di perseguitato
dagli atroci editti : ed era pura luce.
Venne il giorno della morte
e della libertà, il mondo martoriato
si riconobbe nuovo nella luce...

C'est ainsi que j'en vins aux jours de la Résistance
sans en connaître rien, sinon le style :
style tout de lumière, mémorable conscience
de soleil. Il ne put jamais défleurir,
ne fût-ce qu'un instant, pas même quand
l'Europe trembla dans la plus morte de ses veilles.
Nous nous enfuîmes, avec nos ustensiles, sur un chariot,
depuis Casarsa jusqu'à un village perdu
parmi canaux et vignes : et c'était pure lumière.
Mon frère s'en alla, par un muet matin
de mars, sur un train, clandestin,
son revolver dans un livre : et c'était pure lumière.
Il vécut longtemps sur les monts qui blanchoyaient,
presque paradisiaques, dans la sombre couleur bleutée
des plateaux du Frioul : et c'était pure lumière.
Dans la masure, depuis la soupente, ma mère
regardait toujours, éperdue, ces monts,
déjà consciente du destin : et c'était pure lumière.
Avec les quelques paysans des alentours,
je vivais la glorieuse vie du persécuté
par des édits atroces : et c'était pure lumière.
Vint le jour de la mort
et de la liberté, le monde supplicié
se reconnut, nouveau, dans la lumière...

Quella luce era speranza di giustizia :
non sapevo quale : la Giustizia.
La luce è sempre uguale ad altra luce.
Poi variò : da luce diventò incerta alba,
un'alba che cresceva, si allargava
sopra i campi friulani, sulle rogge.
Illuminava i braccianti che lottavano.
Così l'alba nascente fu una luce
fuori dall'eternità dello stile...
Nella storia la giustizia fu coscienza
d'una umana divisione di ricchezza,
e la speranza ebbe nuova luce.

Cette lumière était espérance de justice :
je ne savais laquelle : la Justice.
La lumière est toujours pareille à la lumière.
Puis elle changea : de lumière, elle se fit aube incertaine,
une aube qui croissait, qui grandissait,
sur les champs du Frioul, sur les canaux.
Elle éclairait les journaliers en lutte.
Ainsi l'aube naissante fut une lumière
en dehors de l'éternité du style...
Dans l'histoire, la justice fut conscience
d'une division humaine des richesses,
et l'espérance prit une nouvelle lumière.

Ce poème fait partie de tout un groupe d'évocations, intitulé « **La** Richesse (1955-59) ». *(N.d.T.)*

LA RELIGION
DE NOTRE TEMPS

LA RELIGIONE DEL MIO TEMPO

Se — non vedendoli da soli due giorni,
ora, alla finestra, nel rivederli, un breve
istante, laggiù, ignorati e disadorni,

mentre salgono in un sole bianco come neve,
a stento trattengo un infantile pianto —
cosa farò, quando, esausto ogni mio debito,

quaggiù, si sarà perso l'ultimo rantolo
ormai da mille anni, dall'eterno?
Due giornate di febbre! Tanto

da non poter più sopportare l'esterno,
se appena un po' rinnovato dalle nubi
calde, di ottobre, e così moderno

ormai — che mi pare di non poterlo più
capire — in quei due che salgono la strada
là in fondo, all'alba della gioventù...

Disadorni, ignorati : eppure fradici
sono i loro capelli d'una beata crosta
di brillantina — rubata nell'armadio

Si — ne les voyant plus depuis deux jours seulement,
maintenant, en les revoyant, à ma fenêtre, un court
instant, là-bas, ignorés, disgracieux,

tandis qu'ils grimpent sous un soleil blanc comme neige,
je retiens à grand-peine un enfantin sanglot —
que ferai-je, quand, ayant acquitté toute dette

ici-bas, se sera perdu mon dernier râle
depuis mille ans déjà, depuis l'éternité?
Deux jours de fièvre! Au point

de ne pouvoir plus supporter le décor,
si insensiblement changé soit-il par les chaudes
nuées d'octobre, et si moderne

désormais — qu'il me semble ne pouvoir plus
le comprendre — en ces deux gosses qui remontent la rue,
là-bas, au fond, à l'aube de la jeunesse...

Disgracieux, ignorés : et pourtant leurs cheveux
reluisent d'une joyeuse couche
de brillantine — dérobée dans l'armoire

dei fratelli maggiori; oppure losca
di millenari soli cittadini
la tela dei calzoni al sole d'Ostia

e al vento scoloriti; eppure fini
i lavori incalliti del pettine
sul ciuffo a strisce bionde e sulla scrima.

Dall'angolo d'un palazzo, eretti,
appaiono, ma stanchi per la salita,
e scompaiono, per ultimi i garretti,

all'angolo d'un altro palazzo. La vita
è come se non fosse mai stata.
Il sole, il colore del cielo, la nemica

dolcezza, che l'aria rabbuiata
da redivive nubi, ridà alle cose,
tutto accade come a una passata

ora del mio esistere: misteriose
mattine di Bologna o di Casarsa,
doloranti e perfette come rose,

riaccadono qui nella luce apparsa
a due avviliti occhi di ragazzo,
che altro non conosce se non l'arte

di perdersi, chiaro nel suo buio arazzo.
E non ho mai peccato : sono
puro come un vecchio santo, ma

neppure ho avuto; il dono
disperato del sesso, è andato
tutto in fumo: sono buono

d'un frère aîné; tandis que sont fanés
par de millénaires soleils citadins
leurs pantalons de toile, que le soleil d'Ostie

et le vent ont décolorés; et pourtant c'est un fin
travail que le peigne a consolidé
sur les chevelures aux mèches blondes bien démêlées.

A l'angle d'un immeuble, ils apparaissent,
debout, mais fatigués par la montée,
et je vois disparaître, en dernier, leurs jarrets,

à l'angle d'un second immeuble. Il semble
que la vie, depuis toujours, se soit arrêtée.
Le soleil, la couleur du ciel, cette hostile

douceur, que l'air assombri
de spectres de nuées, redonne aux choses,
tout se passe comme en une heure

révolue de ma vie : de mystérieux
matins de Bologne ou de Casarsa,
douloureux et parfaits comme des roses,

renaissent de nouveau, ici, dans la lumière
que contemplent les yeux abattus d'un enfant
qui ne connaît en tout et pour tout que l'art

de se perdre, motif lumineux sur fond sombre.
Alors que je n'ai jamais péché : je suis
aussi pur qu'un vieux saint, aussi

n'ai-je rien eu; le don
désespéré du sexe, tout entier,
s'est enfui en fumée : je suis bon

come un pazzo. Il passato
è quello che ebbi per destino,
niente altro che vuoto sconsolato...

e consolante. Osservo, chino
sul davanzale, quei due nel sole
andare, lievi; e sto come un bambino

che non geme per ciò che non ha avuto solo,
ma anche per ciò che non avrà...
E in quel pianto il mondo è odore,

nient'altro : viole, prati, che sa
mia madre, e in quali primavere...
Odore che trema per diventare, qua

dove il pianto è dolce, materia
d'espressione, tono... la ben nota
voce della lingua folle e vera

ch'ebbi nascendo e nella vita è immota.

comme un fou. Mon passé
tel que me l'a assigné le destin
n'est rien d'autre qu'un vide inconsolé...

et consolant. J'observe, en me penchant
à ma fenêtre, ces deux gamins qui vont, légers,
sous le soleil; et je suis là, comme un enfant

que tourmente, bien sûr, ce qu'il n'a pas connu,
mais aussi tout ce qu'il ne connaîtra point...
Et en ces pleurs, le monde est une odeur,

rien d'autre : des violettes, des prés, que connaît bien
ma mère, et en quels printemps...
Une odeur qui ondoie pour devenir, là

où les pleurs sont doux, matière
à expression, nuance... la voix
familière de cette langue folle et vraie

que j'eus à ma naissance et que suspend la vie.

*

L'ossessione è perduta, è divenuta
odorante fantasma che si stende
in giorni di luce grande e muta,

quando così debole si accende
l'azzurro che bianco è quasi,
ai rumori dispersi si rapprende

l'assurdo silenzio di stasi
naturali, e agli odori dei pranzi,
dei lavori, si mischiano randagi

soffi di bosco, sepolti nei canti
più ombrosi o più assolati
delle prime colline — stanchi

moti quasi di altre età, ora beati
in questa, che vuole nuovo amore.
Da bambino sognavo a questi fiati,

già freschi e intiepiditi dal sole,
frammenti di foreste, celtiche
quercie, tra sterpaglia e rovi di more

*

L'obsession s'est perdue, elle est devenue
fantôme odorant qui se déploie
en de grands jours de lumière muette,

alors que s'allume si faiblement
cet azur qui souvent blanchoie,
et qu'aux bruits épars se raccroche

un absurde silence de pauses
naturelles, tandis qu'à l'odeur des repas,
du travail, se mêle l'haleine

vagabonde des bois, enfouie dans les recoins
noyés d'ombre ou bien inondés de soleil
des premières collines — lassitude

de mouvements venus, semble-t-il, d'un autre âge, et que
    comble
cet âge-ci, qui vit d'un autre amour.
Encore enfant je rêvais de ces souffles

déjà pleins de fraîcheur, que le soleil tiédit,
pans de forêt, chênes
celtiques, broussailles et fourrés de ronces

sfrondati, nel rossore, quasi svèlti
dall'autunno assolato — e seni
di fiumi nordici ciecamente deserti

dove pungeva l'odore dei licheni,
fresco e nudo, come di Pasqua le viole...
Allora la carne era senza freni.

E la dolcezza ch'era nel colore
del giorno, si faceva dolcezza
un poco anche in quel dolore.

La gioventù bendata, rozza, retta
delle famiglie barbare che andavano
emigrando, per la sommessa

selva o l'allagata plaga
consolavano la solitudine
del mio lettuccio, della mia strada.

La storia, la Chiesa, la vicissitudine
d'una famiglia, così, non sono
che un po' di sole profumato e nudo,

che riscalda una vigna in abbandono,
qualche filo di fieno tra i boschetti
corrosi, qualche casa tramortita al suono

delle campane... I giovinetti
antichi, essi soltanto vivi, se pieni
della primavera ebbero i petti

nelle età più belle, erano insieme
sogni del sesso e immagini bevute
dalla vecchia carta del poema

dépouillés, roux, presque mis à nu
par un automne au grand soleil — et golfes
de fleuves nordiques, aveugles et déserts,

où le lichen avait une odeur poignante,
fraîche et nue, comme à Pâques les violettes...
La chair, alors, était sans retenue.

Et la douceur qu'il y avait dans la nuance
du jour, se changeait un peu
en douceur, au cœur même de ma souffrance.

La jeunesse en bandeau, grossière et loyale,
des familles barbares qui émigraient
sans fin, parmi de pacifiques

forêts, ou de marécageuses plaines,
venait consoler la solitude
de mon petit lit, de ma route.

L'histoire, l'Église, les vicissitudes
d'une famille, ne sont, ainsi,
qu'un peu de soleil odorant et nu

qui réchauffe une vigne abandonnée,
des pousses de foin, parmi des bosquets
rabougris, une maison tout étourdie au son

des cloches... Les jeunes gens
d'autrefois, seuls vivants, s'ils eurent
le cœur plein de printemps,

en un âge plus beau, étaient à la fois
rêverie sexuelle et imagerie bue
au papier fané du poème

che di volume in volume, in mute
febbri di novità suprema,
— erano Shakespeare, Tommaseo, Carducci... —

faceva d'ogni mia fibra un solo tremito.

qui, livre après livre, en de muettes
fièvres d'une nouveauté absolue
— c'étaient Shakespeare, Tommaseo, Carducci... —

me faisait trembler de toutes mes fibres.

Avrei voluto urlare, e ero muto;
la mia religione era un profumo.
Ed eccolo ora qui, uguale e sconosciuto,

quel profumo, nel mondo, umido
e raggiante : e io qui, perso nell'atto
sempre riuscito e inutile, umile

e squisito, di scioglierne l'intatto
senso nelle sue mille immagini...
Mi ritrovo tenero come un ragazzo

all'entusiasmo misterioso, selvaggio,
come fu in passato, e stente
lacrime mi bagnano la pagina

alla vista, nel solicello ardente,
di quei due, che — loro sì ragazzi —
si perdono svelti, beatamente,

nella ricca periferia, sotto terrazzi
pieni di sereno cielo di mare,
mattutini balconi, attici

★

J'aurais voulu hurler, et me trouvais muet;
ma religion n'était qu'un parfum.
Et c'est bien lui qui flotte ici, pareil à lui-même et inconnu,

ce parfum, en ce monde, humide
et radieux : et me voici, perdu dans la recherche
toujours vainement accomplie, humble

et exquise, de démêler le sens secret
qui relie ses mille semblances...
Me revoici, tendre comme l'enfant

à l'enthousiasme mystérieux, sauvage,
que je fus autrefois, tandis que d'amères
larmes viennent mouiller ma page

sitôt que je vois, sous le léger soleil ardent,
ces deux enfants — qui sont de vrais enfants —
se perdre, lestes, bienheureux,

dans les riches faubourgs, sous des terrasses
qu'emplit le ciel limpide de la mer,
des balcons matinaux, ou des attiques

dorati da un sole già serale...
Il senso della vita mi ritorna
com'era sempre allora, un male

più cieco se stupendamente colmo
di dolcezza. Perché, a un ragazzo, pare
che mai avrà cio che egli solo

non ha mai avuto. E in quel mare
di disperazione, il suo furioso sogno
di corpi, crede di dover pagare

con l'essere follemente buono...

Così, se bastano due giorni
di febbre, perché la vita sembri
perduta e intero torni

il mondo (e niente m'inebbri
altro che rimpianto) al mondo io,
nel grande e muto sole di settembre,

morendo, non saprei che dire addio...

Eppure, Chiesa, ero venuto a te.
Pascal e i Canti del Popolo Greco
tenevo stretti in mano, ardente, come se

il mistero contadino, quieto
e sordo nell'estate del quarantatre,
tra il borgo, le viti e il greto

del Tagliamento, fosse al centro
della terra e del cielo;
e lì, gola, cuore e ventre

que dore déjà le soleil du soir...
Le sens de la vie me revient
tel qu'il était toujours alors, un mal

plus aveugle d'être incroyablement plein
de douceur. Car un enfant peut croire
que jamais il n'aura ce qu'il est bien le seul

à n'avoir jamais eu. Et en cette marée
de désespoir, il s'imagine que s'il rêve
furieusement de corps, il lui faut l'expier

en se montrant follement bon...

Ainsi, s'il suffit de deux jours
de fièvre, pour que la vie paraisse
perdue, et que le monde

revienne tout entier (et que rien ne me grise
si ce n'est le regret), au monde, moi,
dans le vaste et muet soleil de septembre,

je ne saurais, mourant, que dire adieu...

Pourtant, Église, j'étais venu à toi.
Pascal et les Chants du Peuple Grec,
je les serrais fort dans mes mains, brûlant, tout comme si

le mystère paysan, tranquille
et sourd, dans l'été de quarante-trois,
parmi le bourg, les vignes et la grève

du Tagliamento, se fût trouvé au centre
de la terre et du ciel;
et là, gorge, cœur et ventre

squarciati sul lontano sentiero
delle Fonde, consumavo le ore
del più bel tempo umano, l'intero

mio giorno di gioventù, in amori
la cui dolcezza ancora mi fa piangere...
Tra i libri sparsi, pochi fiori

azzurrini, e l'erba, l'erba candida
tra le saggine, io davo a Cristo
tutta la mia ingenuità e il mio sangue.

Cantavano gli uccelli nel pulviscolo
in una trama complicata, incerta,
assordante, prede dell'esistere,

povere passioni perse tra i vertici
umili dei gelseti e dei sambuchi :
e io, come loro, nei luoghi deserti

destinati ai candidi, ai perduti,
aspettavo che scendesse la sera,
che si sentissero intorno i muti

odori del fuoco, della lieta miseria,
che l'Angelus suonasse, velato
del nuovo, contadino mistero

nell'antico mistero consumato.

Fu una breve passione. Erano servi
quei padri e quei figli che le sere
di Casarsa vivevano, così acerbi,

per me, di religione : le severe
loro allegrezze erano il grigiore
di chi, pur poco, ma possiede;

écartelés sur le lointain sentier
des Fonds, je passais les heures
du plus beau temps de l'homme, mon jour

tout entier de jeunesse, en des amours
dont la douceur me fait pleurer encore...
Parmi les livres épars, quelques fleurs

bleutées, et l'herbe, l'herbe pure
parmi le sorgho, je donnais au Christ
toute mon innocence et tout mon sang.

Les oiseaux chantaient dans la fine poussière
selon un dessin compliqué, incertain,
assourdissant, en proie à l'existence,

pauvres passions perdues parmi les humbles
cimes des champs de mûriers et des sureaux :
moi, tout comme eux, dans les endroits déserts,

destinés aux pauvres, aux égarés,
j'attendais que tombe le soir,
que se fassent sentir alentour les muettes

odeurs du feu, de l'heureuse misère,
que sonne l'Angelus, voilé
par ce nouveau mystère paysan

enraciné dans l'antique mystère.

Ce fut une brève passion. C'était des serfs
que ces pères, ces fils, qui vivaient les soirs
de Casarsa, si âpres encore,

pour moi, de religion : leurs austères
joies n'étaient que la grisaille
de qui possède, si peu que ce soit;

la chiesa del mio adolescente amore
era morta nei secoli, e vivente
solo nel vecchio, doloroso odore

dei campi. Spazzò la Resistenza
con nuovi sogni il sogno delle Regioni
Federate in Cristo, e il dolceardente

suo usignolo... Nessuna delle passioni
vere dell'uomo si rivelò
nelle parole e nelle azioni

della Chiesa. Anzi, guai a chi non può
non essere ad essa nuovo! Non dare
ad essa ingenuo tutto ciò

che in lui ondeggia come un mare
di troppo trepidante amore.
Guai a chi con gioia vitale

vuole servire una legge ch'è dolore!
Guai a chi con vitale dolore
si dona a una causa che nulla vuole

se non difendere la poca fede ancora
rimasta a dar rassegnazione al mondo!
Guai a chi crede che all'impeto del cuore

debba l'impeto della ragione rispondere!
Guai a chi non sa essere misero
nel misurare nell'anima i fondi

piani dell'egoismo e le derise
pazzie della pietà! Guai a chi crede
che la storia ad una eterna origine

l'église de mon amour adolescent
s'était éteinte au cours des siècles, et ne vivait
que dans l'antique et douloureuse odeur

des champs. Vint la Résistance, qui balaya
avec de nouveaux rêves le rêve des Régions
Confédérées du Christ, et son rossignol

doux-ardent... Aucune des passions
véridiques de l'homme ne se révéla
dans les paroles ni dans les actions

de l'Église. Bien au contraire, gare à qui ne peut
s'empêcher d'être neuf pour elle! De lui
faire don naïvement de tout

cet ondoiement en lui comme une mer
de trop brûlant amour.
Gare à celui qui veut, plein d'une joie vitale,

servir une loi qui n'est que douleur!
gare à celui qui, plein de douleur vitale,
fait don de soi à une cause qui ne vise

qu'à défendre le peu de foi qu'il reste encore
pour enseigner la résignation au monde!
Gare à celui qui croit qu'à l'élan du cœur

l'élan de la raison doive répondre!
Gare à qui ne sait se sentir misérable
en mesurant dans l'âme les noirs

calculs de l'égoïsme, et la raillerie
qui persécute les folies de la pitié! Gare à celui qui croit
— par candeur, plutôt que par foi —

— *per candore piuttosto che per fede* —
si sia interrotta, come il sole
del sogno; e non sa che è erede

la Chiesa di ogni secolo creatore,
e difenderne gli istituiti beni,
l'orribile, animale grigiore

che vince nell'uomo luce e tenebra!
Guai a chi non sa che è borghese
questa fede cristiana, nel segno

di ogni privilegio, di ogni resa,
di ogni servitù; che il peccato
altro non è che reato di lesa

certezza quotidiana, odiato
per paura e aridità; che la Chiesa
è lo spietato cuore dello Stato.

que notre histoire, à son origine éternelle,
est restée suspendue, tout comme le soleil
du rêve; ignorant que l'Église

est l'héritière de tout siècle créateur,
et qu'en défend les biens institués
l'horrible grisaille animale

qui chasse en l'homme la lumière et les ténèbres!
Gare à qui ne sait qu'est bourgeoise
cette foi chrétienne, en l'espèce

de tout privilège, de toute reddition,
de tout esclavage; que le péché
n'est autre chose que délit de lèse

certitude quotidienne, haï
par crainte et par stérilité; que l'Église
n'est que le cœur impitoyable de l'Etat.

*

Poveri, allegri cristi quattordicenni,
i due ragazzi di Donna Olimpia
possono buttare il loro giorno, pieni

di passione nella miscredenza, limpidi
nella confusione : possono andare
trascinati da quel povero impeto

del loro cuore quasi animale,
alle gioie mattutine di Villa Sciarra
e del Gianicolo, gioie di studenti, balie,

giovinette, verso la gazzarra
dei loro pari, che il solicello assorbe
in un patito alone d'erba e d'aria...

Mattine di pura vita! Quando sorde
sono le anime a ogni richiamo
che non sia quello del dolce disordine

del male e del bene quotidiano...
Essi lo vivono, abbandonati
da tutti, liberi in quel loro umano

Pauvres, joyeux christs de quatorze ans,
les deux garçons de Dame Olympe
peuvent gaspiller tout leur jour, pleins

de passion dans l'incroyance, de clarté
dans le désordre : ils peuvent vaquer,
entraînés par le pauvre élan

de leur cœur presque animal,
aux joyeux matins de la Villa Sciarra
et du Janicule, joies d'étudiants, de nourrices,

de gamines, vers le tapage
de leurs pareils, que le léger soleil absorbe,
dans un halo mortifié d'herbe et de ciel...

Matins de pure vie! Quand les âmes
demeurent sourdes à tout appel
qui ne soit celui du doux désordre

du mal et du bien de tous les jours...
Ce désordre qu'ils vivent, abandonnés
par tous, libres, en cette humaine

fervore a cui sono leggermente nati,
perché poveri, perché figli di poveri,
nel loro destino rassegnati

eppure sempre pronti alle nuove
avventure del sogno, che scendendo
dall'alto del mondo, li muove,

ingenui, e a cui essi corrotti si vendono,
benché nessuno li paghi : stracciati
ed eleganti al modo stupendo

dei romani, se ne vanno tra gli agiati
quartieri della gente per cui è vero il sogno...
Anche loro disadorni, ignorati,

a tenersi in cuore il loro bisogno
dell'accorante superfluo — seppure,
ormai, non d'altra classe ma d'altra nazione —

rivedo con le larghe e dure
facce contadine, l'occhio bruciante
di celeste, le tozze e sicure

membra di atleti dalle basse anche,
altri adolescenti... Sono, i loro calzoni,
sgraziati e quasi goffi, inelegante

il barbaro taglio delle loro chiome,
rasati alle tempie e alle nuche, e alti
i ciuffi disordinati, come

creste di guerra, piume di falchi.
Sono attenti, modesti : non sanno
incredulità, ironia, ma arsi

ferveur pour laquelle, insouciants, ils sont nés,
parce que pauvres, parce que fils de pauvres,
avec ce destin auquel ils sont résignés,

et pourtant toujours disposés aux nouvelles
aventures du rêve, qui, descendant
du haut du monde, les émeut,

naïfs, et auquel, séduits, ils se vendent,
bien que nul ne les paie; déguenillés
et pourtant élégants, à la façon superbe

des Romains, ils s'en vont parmi les quartiers
cossus des gens pour qui le rêve est vérité...
Pareillement disgracieux, ignorés,

avec, en leur cœur, refoulé, ce poignant
besoin de superflu — bien qu'il s'agisse
cette fois d'une autre nation, non d'une autre classe —

je revois, avec leurs larges et dures
mines de paysans, l'œil incendié
de bleu, des membres trapus

et sûrs d'athlètes aux hanches basses,
d'autres adolescents... Leurs pantalons
sont mal coupés et presque laids, sans élégance

la coupe barbare de leurs cheveux,
la nuque et les tempes rasées, avec de hauts
toupets désordonnés, comme

aigrettes de guerre ou plumes de faucon.
Ils sont humbles, attentifs : ils ignorent
l'incrédulité, l'ironie, mais leurs regards

hanno gli sguardi da un affanno
e da un pudore che mettono a nudo
sempre nelle loro pupille la loro anima :

tanto che non sai se all'inquietudine
di quelle anime l'aria è così nuova
e così chiara, o al vento che schiude

sopra quel loro mondo giovane
il vecchio odore dell'Asia...
Un vento che pare si muova

solo nel cielo intento nella pace
dell'immensità : e sull'immensa
città, spanda soltanto qualche lacero

soffio, come un misterioso incenso.
Sopra la Moscova il duomo
di San Basilio, sul grigio pavimento,

erige come un ragno d'oro addome
ed elitre, senza ormai vita.
Nell'altro estremo della piazza, come

a folle distanza, l'arrugginita
massa del Maneggio, cotta da un Dio
Settecentesco, un po' russo, un po' semita,

un po' tedesco... E dentro il pio
pallore della notte, le muraglie
del Cremlino chiudono al turbinio

della folla, sotto mute luminarie,
guglie e cupolette, ignote
oggi ancora agli occhi proletari...

paraissent brûler d'une angoisse
et d'une pudeur qui mettent à nu
toujours leur âme en leurs prunelles :

au point que l'on ne sait si c'est l'inquiétude
de ces âmes qui rend le ciel si neuf
et si pur, ou bien le vent qui entrouvre

au-dessus de leur monde de jeunesse
l'antique senteur de l'Asie...
Un vent qui semble être le seul à se mouvoir

en ce ciel hanté par la paix
de l'immensité : et sur la ville immense,
ne répandre que quelques souffles

effilochés, comme un encens mystérieux.
Au-dessus de la Moskova, la cathédrale
de Saint-Basile, sur le dallage gris,

déploie, telle une araignée d'or, abdomen
et élytres, à tout jamais privés de vie.
Tout à l'autre bout de la place, comme

à une distance insensée, la masse
rouillée du Manège, fondue par un Dieu
d'il y a deux siècles, qui tient du russe, du sémite,

de l'allemand... Et dans la pieuse
pâleur de la nuit, les murailles
du Kremlin soustraient au tournoiement

de la foule, sous de muettes grappes de lumière,
flèches et clochetons, que ne connaissent guère,
pas même aujourd'hui, les yeux des prolétaires.

Migliaia e migliaia di felici gote
di ragazzi la luce della Piazza Rossa
accende, raccolti in cerchi, in ruote,

in file, in quell'immensa fossa
su cui gli astri splendono vicini:
giocano, con semplice e commossa

gioia, come — sotto gli scalini
della chiesa, nella loro piazzetta —
gli ingenui ragazzi contadini.

Si tengono per mano in una stretta
ròzza e affettuosa, file di maschi,
circondando qualche giovinetta;

altri, più giovani, intorno, rimasti
senza gioco, si spingono violenti
a guardare coi cupi, casti

occhi, qualcuno che tenti
un passo di danza, alla pura e folta
musica dei primitivi strumenti.

Una marea di girotondi lungo la svolta
della muraglia... Sono questi i figli
della fame, i figli della rivolta,

i figli del sangue, sono questi i figli
dei pionieri che hanno solo lottato,
degli eroi senza nome, i figli

del lontano futuro disperato!
Eccoli sul mondo, ora: e del mondo
padroni. E il mondo no, non è beato

Ce sont, par milliers, des joues épanouies
d'enfants, que la lumière de la place Rouge
avive, regroupés en rondes, en roues,

en files, dans cette fosse immense,
sur laquelle les astres resplendissent tout proches :
ils jouent, avec une joie simple

et émue, tout comme — au pied des escaliers
de l'église, sur une petite place familière —
les naïfs enfants des campagnes.

Se tiennent par la main, d'une étreinte
rude et affectueuse, des files de garçons
entourant quelque jeune fille;

d'autres, plus jeunes, tout autour, exclus
du jeu, se démènent avec violence
pour suivre, de leurs sombres et chastes

yeux, quelque aîné qui tente
un pas de danse, sur la mélodie pure
et drue des instruments primitifs.

Un tournoiement de rondes au détour
des murailles... Et ce sont les fils
de la faim, et de la révolte,

les fils du sang, ce sont les fils
des pionniers qui jamais n'ont cessé de lutter,
des héros anonymes, les fils

de ce futur lointain, désespéré!
Les voici maintenant au monde : un monde dont
ils sont les maîtres. Et ce monde, eh bien, non, n'est pas
    heureux

per loro, benché umilmente giocondo
lo guardi il loro occhio : poco
più veste la loro gioventù che il biondo

capo, l'interna forza, il fuoco
del pudore, per le enormi vie, gli enormi
casamenti, stesi sopra il vuoto

della città potente e senza forma,
che accoglie le loro nuove vite.
Ma è religioso l'ardore di cui colme

e quasi cieche alle pupille ardite,
come a donarsi o a testimoniarsi,
tremano le loro anime amiche.

pour eux, bien qu'ils le voient d'un œil
plein d'un humble enjouement : leur jeunesse
ne revêt pas grand-chose de plus que leur tête

blonde, la force intérieure, le feu
de la pudeur, au long des rues immenses, des immenses
immeubles, jetés sur le vide

de la cité puissante et sans forme
qui accueille leur vie nouvelle.
Mais religieuse est l'ardeur qui emplit,

jusqu'à l'aveuglement, en leur regard hardi,
tout comme pour s'offrir, ou bien pour témoigner,
leur âme amicale, et qui tremble.

*

*Questi due che per quartieri sparsi
di luce e miseria, vanno abbracciati,
lieti paganamente dei loro passi,*

*dicono con faccia lieta che mille facce
ha la storia, e che spesso chi è indietro
è primo : così chiaramente incarnate*

*sono nel loro ingenuo petto
le confuse e reali speranze del mondo,
che possono ogni atto anche abbietto,*

ogni miscredenza, ogni inverecondia...

*Ma noi? Ah, certo, c'è in ogni errore un lievito
di verità : può essere libero e limpido
ogni occhio più servo e opaco, a ricevere*

*la vita esterna, non solo per gli istinti
stupenda perché esiste, ma anche
per il pensiero, che ne assiste — vinto,*

*

Ces deux-là qui, par des quartiers mêlés
de jour et de misère, marchent enlacés,
et que leurs pas emplissent d'une joie païenne,

disent, d'un air heureux, que l'histoire revêt
mille visages, et que souvent les derniers
sont les premiers : tant s'incarnent avec clarté

en ce cœur naïf qu'ils arborent
les confuses et réelles espérances du monde,
qui peuvent, de tout acte, fût-il abject,

de toute incroyance, de toute impudeur...

Mais nous? Oui, je sais bien, il y a en toute erreur
    quelque ferment
de vérité : l'œil le plus trouble, et le plus asservi,
peut se faire libre et limpide, pour accueillir

la vie, tout autour, merveilleuse puisqu'elle existe,
non seulement pour les instincts, mais encore
pour la pensée, qui en assiste — fût-ce

sia pure, e impotente — l'esaltante
pluralità, la magica stranezza
vivace, le misteriose mescolanze

di grande e povero, l'abbietta
luce e l'eletta incoscienza.
Pietà per la creatura! Ad essa,

a questa pietà spietata, e senza
religione, basta qualunque religione,
anche la cattolica, se un'Esistenza

magicamente diversa pone
nel fondo di quella creatura
stravagante nel vero, alone

che la divora, sia essa dura
per interna paura, tenera
per una nuova, oscura

volontà di esistere, sia essa degenere
o pura, venduta o santa,
eslege o umilmente perbene :

una delle infinite branche della pianta
che frondeggia alla semplice vita,
in città, borgate, tuguri, ponti, antri,

amica nella sua esistenza nemica,
allegra nell'ingiustizia antica,
urlante nell'amore che mendica.

Sì, certo, quanto scolorita,
se reale, può apparire la greggia
che vive, a chi con quella pietà divertita

impuissante et vaincue — l'exaltante
pluralité, l'étrangeté magique
et vivace, les mystérieux mélanges

du pauvre avec le grand, la lumière
abjecte et l'inconscience élue.
Pitié pour la créature! Pour elle,

pour cette pitié sans pitié, et sans
religion, il suffit d'une religion quelconque,
fût-ce la catholique, dès lors qu'elle instaure

une Existence magiquement différente
au fond de cette créature
extravagante en vérité, halo

qui la dévore, qu'elle soit dure
sous l'effet d'une crainte intérieure, ou tendre
d'une neuve et confuse

volonté d'exister, qu'elle soit pure
ou débauchée, sainte ou vendue,
hors-la-loi ou bien humblement honnête :

l'une des innombrables branches de l'arbre
qui verdoie dans la simplicité de la vie,
en ces villes, hameaux, chaumières, ponts et antres,

amie en son existence ennemie,
joyeuse en cette injustice ancienne,
hurlante en cet amour qu'elle mendie.

Oui, bien sûr, il peut paraître
bien terne, et pourtant réel, ce vivant
troupeau, pour celui qui regarde, avec l'enjouement

e sacrilega vi guardi brillare la scheggia
del divino! E consideri divina,
dentro la propria anima attenta, la legge

di un ambiguo, disperato destino :
l'egoismo, la mistificazione,
il capriccio e la durezza del bambino.

Io, bambino in altro modo, per la passione,
e spinto per questo ad essere uomo
con tutto il suo sapore d'umile convenzione

(da cui ingenuamente sono
costretto a essere sempre chiaro
in ogni rapporto, e, per condanna, buono)

mi sforzo a capire ogni cosa, ignaro
come sono d'altra vita che non sia
la mia, fino perdutamente a fare

di altra vita, nella nostalgia,
piena esperienza : sono tutto pietà,
ma voglio che diversa sia la via

del mio amore per questa realtà,
che anch'io amerei caso per caso, creatura
per creatura. Mi voglio diverso : ma

ahi, come so capire coloro che tale figura
dell'anima siano spinti a esprimere!
Col più alto di questi, andavo per l'oscura

galleria dei viali, una notte, al confine
della città, battuta dalle anime
perdute, sporchi crocefissi senza spine,

d'une pitié sacrilège, briller en lui l'éclat
du divin! Et puis considère, divine, .
en son âme attentive, la loi

d'un destin ambigu, désespéré :
l'égoïsme, les tricheries,
le caprice et la cruauté de l'enfance.

Et moi, enfant à ma façon, par passion,
et poussé, de ce fait, à être un homme,
avec tout ce goût d'humble convention

(qui m'oblige, naïvement,
à n'avoir que rapports limpides,
et me condamne à être bon),

je m'efforce de tout comprendre, ignorant
que je suis de tout autre vie
que la mienne, jusqu'à refaire, éperdument,

en ma nostalgie, la pleine expérience
d'une autre vie : je ne suis que pitié,
mais je veux que change le chemin

de mon amour pour la réalité,
que je pourrais aimer, moi aussi, cas par cas, créature
après créature. Je me veux différent : mais

hélas, que je sais comprendre ceux qui
sont portés à transcrire un tel aspect de l'âme!
Je m'en allais, avec le plus grand de ceux-ci, sous le sombre

tunnel des boulevards, une nuit, en bordure
de la cité, hantée par les âmes
perdues, vils crucifiés sans épines,

allegri e feroci, ragazzacci e mondane,
presi da ire di viscere, da gioie
leggere come le brezze lontane

scorrenti su loro, su noi,
dal mare ai colli, nel tempo
delle notti che mai non muoiono...

Io sentivo il sacrilego sentimento
che esaltava il mio amico a quelle
forme dell'esistere, prede d'un vento

che le trascinava sulla terra,
senza vita alla morte, senza coscienza
alla luce : ma gli erano sorelle :

come per lui, lottare per l'esistenza
fu buio in cuore, male, disprezzo
vitale per l'esistenza altrui, adolescenza

umiliante, e felice, in mezzo
al branco dei lupi ben adulti,
loro sì, pronti, aggiornati sul prezzo

della vita : custodi di culti
o padroni di stati, ladri o servi,
arrivisti o autorità, re o ultimi

dei paria, tutti, fino dai più acerbi
anni, nella norma che vuole uguali :
a non capire, a capire senza mai perdersi.

Poi corremmo come in cerca dell'ignaro
Dio che li animava : lui lo sapeva, dove.
Guidava la sua Cadillac di cinematografaro,

féroces et joyeux, garnements et putains,
pris de colères viscérales, de joies
légères comme les brises lointaines

qui couraient sur eux et sur nous,
venant de la mer, jusqu'aux collines, au temps
de ces nuits qui jamais ne meurent...

Je sentais bien quel sacrilège sentiment
exaltait mon ami, face à cette sorte
d'êtres humains, jouets d'un vent

qui les entraînait sur la terre,
sans vie vers la mort, sans conscience vers
la lumière : il y voyait pourtant des frères :

pour eux, comme pour lui, lutter pour l'existence
signifia nuit en leur cœur, méchanceté, mépris
vital envers l'existence d'autrui, adolescence

humiliante, et heureuse, parmi
un troupeau de loups bien adultes,
qui, eux, étaient fin prêts, et connaissaient le prix

de la vie : gardiens du culte
ou chefs d'États, larrons ou esclaves,
arrivistes ou potentats, rois ou derniers

des misérables, tous, et dès leur plus tendre
enfance, soumis à la loi qui nous veut frères :
sans comprendre ou du moins sans jamais se fourvoyer.

Puis nous courûmes, comme en quête de ce Dieu
ignorant qui les animait : et lui savait où le trouver.
Il conduisait sa Cadillac de metteur en scène,

con un dito, arruffando con l'altro la giovane
sua grossa testa, parlando, stanco e instancabile...
Giungemmo : dietro a Tor Vajanica,

un vento inaspettato, ora, soffiava :
le file dei capanni, sgangherate, come
rottami, con spruzzi di calce, e la cava

schiena, il biancheggiante addome
d'una barca, erano soli a resistergli.
Due giovinetti, rimasti senza nome,

ci pedinarono un po', senza insistere,
in qualche loro sordida, calda speranza.
Bruni e tremanti sparvero. E miste

alle spume, all'acqua, lì vicina — tanta
quanta in una pozza di temporale,
nella tenebra di qualche infanzia —

ecco la luce e la bianchezza immortale
del Dio : dritto, vicino, che col fiato
ci bagnava, dall'arruffato mare,

in una colonna salata ed estatica
di pulviscolo, così violento al tatto
che il rombo del frangente s'era smorzato.

. . . .

d'un doigt, ébouriffant de l'autre sa jeune,
sa grosse tête, parlant, fatigué et infatigable...
Nous arrivâmes : derrière Tor Vajanica,

il soufflait maintenant un vent inattendu :
les files de cabanes, délabrées, comme
des ruines, éclaboussées de chaux, et l'échine

incurvée, l'abdomen blanchoyant
d'une barque, seuls, lui faisaient obstacle.
Deux jeunes gens, demeurés anonymes,

nous suivirent pendant quelque temps, sans insister,
pris de quelque sordide et chaude espérance.
Noirs et tremblants, ils disparurent. Et mêlées

à l'écume, à l'eau, là, tout près — tout
autant que dans une flaque de tempête,
dans les ténèbres de quelque enfance —

voici la lumière et la blancheur immortelle
du Dieu : droit, tout proche, qui de son souffle
nous baignait, depuis la mer ébouriffée,

en une colonne salée et extatique
de poussière d'eau, si violente au toucher
que le grondement du brisant en était voilé.

. . . .

*

Sì, certo, era un Dio... e altri meno pazzi
e stupendi ce n'è. Coi loro sacerdoti,
e, vorrei anche dire, con i loro santi.

Santi poveri, martoriati dai ben noti
dolori, col terribile dovere
di arrivare, senza troppi terremoti,

alla fine del mese per riavere
in tasca le poche sospirate lire:
impiegatucci, funzionari, leve

di un Partito, per cui vivere e morire.
Felici ti mostrano un paio di scarpe
nuove, un quadruccio buono all' appena civile

parete della casa, una bella sciarpa
natalizia per la moglie: ma dentro,
dietro quell' infantile palpito,

quello stento, ti misurano col metro
della loro fede, del loro sacrificio.
Sono inflessibili, sono tetri,

*

Oui, bien sûr, c'était un Dieu... et il en est d'autres
moins fous, moins merveilleux. Avec leurs prêtres,
et, qu'il me soit permis de l'ajouter, avec leurs saints.

De pauvres saints, persécutés par des douleurs
bien connues, avec la terrible nécessité
d'arriver, sans trop de secousses,

jusqu'à la fin du mois, pour empocher
une fois de plus le maigre salaire tant convoité :
petits employés, fonctionnaires, recrues

d'un Parti, pour lequel vivre et mourir.
Heureux de te montrer une paire de souliers
neufs, un bon petit cadre accroché au mur

tout juste décent du foyer, une belle écharpe,
cadeau de Noël pour leur femme : mais en eux-mêmes,
au-delà de cet enfantin frémissement,

de cet effort, ils te jugent à l'aune
de leur foi, de leur sacrifice.
Ils sont impitoyables, ils sont terribles

nel loro giudicarti : chi ha il cilicio
addosso non può perdonare.
Non puoi da loro aspettare una briciola

di pietà : non perchè lo insegni Marx,
ma per quel loro dio d'amore,
elementare vittoria di bene sul male,

ch'è nei loro atti. Ma come nel biancore
dell'estetico dio del mare, informe Forma,
mescolanza irrazionale di gioia e dolore,

sbianca l'opacità del gesso, la norma
che svaluta... così arrossa nel rosso
dell'altro Dio — quello che trasforma

il mondo, quello futuro ed incorrotto —
il sangue dei giorni di Stalin...
Non torna nulla. Nemmeno il paradosso

esistenziale, in cui, fertili — aridi,
vivono quasi tutti coloro che conosco :
borghesi colti, esperti di essenziali

infrastrutture, spiriti del bosco
della mondanità, della cultura :
a popolare le pure sere di Piazza del Popolo,

dei nuovi quartieri oltre le vecchie mura,
del centro dove la città s'infossa
in preziosi vicoli scintillanti e luridi...

Genio arreso, con le sue quattro ossa
sotto eleganti vesti, ognuno porta intorno
una faccia intenta, dove gli altri possano

en te jugeant : qui porte le cilice
sur sa chair, ne peut pardonner.
Il ne faut pas t'attendre de leur part à une miette

de pitié : non que Marx l'enseigne,
mais à cause de ce dieu d'amour qu'ils révèrent,
victoire élémentaire du bien sur le mal,

que l'on retrouve en chacun de leurs actes. Mais de même
qu'en la blancheur du beau dieu de la mer, informe
   Forme,
mélange irrationnel de douleur et de joie,

blanchoie l'opacité de la craie, la norme
qui rabaisse... ainsi rougit dans la rougeur
de l'autre Dieu — celui qui change

le monde, le Dieu futur et non corrompu —
le sang de l'époque stalinienne...
Rien ne va plus. Même le paradoxe

existentiel, où s'enferment
stériles-féconds, presque tous ceux que je connais :
bourgeois cultivés, fins connaisseurs d'infrastructures

essentielles, qui hantent les bois
des mondanités et de la culture :
amateurs des pures soirées de la place du Peuple,

des nouveaux quartiers, au-delà des vieux murs,
du centre, où la ville s'enfouit
en de précieuses venelles sordides et scintillantes...

Génie défait, avec ses quatre membres
élégamment vêtus, chacun arbore
un visage attentif, où les autres puissent

sospettare qualcosa; nei caffè, di giorno,
nei salotti, la sera : ma ognuno cerca
nella faccia dell'altro invano un ritorno

delle speranze antiche : e se vi accerta
una speranza, è una speranza inconfessabile,
nel cerchio della domanda e dell'offerta,

il cui sguardo è come per uno spasimo
di interna ferita : che rende esamini,
accidiosi, scontenti, spinge a uno sciopero

dei sentimenti, a una colpevole stasi
della coscienza, ad una pace insana,
che vuole i nostri giorni grigi e tragici.

Così, se guardo in fondo alle anime
delle schiere di individui vivi
nel mio tempo, a me vicini o non lontani,

vedo che dei mille sacrilegi possibili
che ogni religione naturale
può enumerare, quello che rimane

sempre, in tutti, è la viltà.
Un sentimento eterno — una forma
del sentimento — fossile, immutabile,

che lascia in ogni altro sentimento
diretta o indiretta, la sua orma.
È quella viltà che fa l'uomo irreligioso.

È come un profondo impedimento
che, all'uomo, toglie forza al cuore,
calore al ragionamento,

accrocher un soupçon; dans les cafés, le jour,
la nuit, dans les salons; mais en vain chacun cherche
à déchiffrer sur les traits d'autrui le retour

de l'antique espérance : et s'il y reconnaît
quelque espoir, ce ne peut être qu'un espoir inavouable,
dans le jeu de l'offre et de la demande,

et les regards paraissent n'être que le spasme
d'une blessure interne : qui nous laisse exsangues,
inactifs, mécontents, qui pousse à une grève

des sentiments, à une stagnation coupable
de la conscience, à une paix malsaine,
qui ne nous livre que des jours gris et tragiques.

Ainsi, si je scrute le fond de l'âme
de ces groupes d'hommes qui vivent
ce temps, le mien, qui me sont proches ou voisins,

je vois que sur les mille sacrilèges possibles
qu'il appartient à toute religion naturelle
de dénombrer, il en est un que l'on retrouve

toujours, partout, et c'est la lâcheté.
Un sentiment éternel — une forme
de sentiment — pétrifié, immuable,

qui inscrit en tout autre sentiment,
directement ou indirectement, sa trace.
C'est cette lâcheté qui fait de l'homme un incroyant.

C'est une sorte de profond empêchement
qui ôte toute force au cœur de l'homme,
toute chaleur à son raisonnement,

che lo fa ragionare di bontà
come di un puro comportamento,
di pietà come di una pura norma.

Può renderlo feroce, qualche volta,
ma sempre lo rende prudente :
minaccia, giudica, ironizza, ascolta,

ma è sempre, interiormente, impaurito.
Non c'è nessuno che sfugga a questa paura.
Nessuno perciò è davvero amico o nemico.

Nessuno sa sentire vera passione :
ogni sua luce subito s'oscura
come per rassegnazione o pentimento

in quella antica viltà, in quell'ormone
misterioso che si è formato nei secoli.
Lo riconosco, sempre, in ogni uomo.

Lo so bene che altro non è che insicurezza
vitale, antica angoscia economica :
che era regola della nostra vita animale

ed è stata assimilata ora in queste povere
nostre comunità : che è difesa,
disperata, che si annida là dove

c'è un minimo di pace : nel possesso.
E ogni possesso è uguale : dall'industria
al campicello, dalla nave al carretto.

Perciò è uguale in tutti la viltà :
com'è alle grige origini o agli ultimi
grigi giorni di ogni civiltà...

qui le fait disserter de la bonté
comme si ce n'était qu'un pur comportement,
de pitié, comme d'une pure norme.

Elle peut rendre quelquefois l'homme féroce,
mais elle lui inspire, en tout cas, la prudence :
qu'il menace, qu'il juge, ironise ou écoute,

il est toujours, intérieurement, plein d'effroi.
Nul ne saurait éluder cette crainte.
Il n'est, par conséquent, de vrai ami ni d'ennemi.

Nul ne sait ressentir une vraie passion :
la flamme qu'elle peut jeter s'éteint bien vite,
comme par repentir ou résignation,

en cette antique lâcheté, en cette hormone
mystérieuse que les siècles ont engendrée.
Je puis le vérifier, chaque fois, en tout homme.

Je sais bien que ce n'est qu'insécurité
vitale, vieille angoisse matérielle :
que c'était la règle de notre vie

animale, et qu'elle est passée maintenant en ces pauvres
Communautés que nous formons : qu'elle est défense
désespérée, et qu'elle se niche où l'on trouve

un brin de paix : dans la possession.
Et la possession est toujours la même : de l'industrie
au petit champ, et du navire au chariot.

Aussi est-ce chez tous la même lâcheté :
la même que dans la grisaille originelle, ou bien dans celle
des derniers jours de toute civilisation...

Così la mia nazione è ritornata al punto
di partenza, nel ricorso dell'empietà.
E, chi non crede in nulla, ne ha coscienza,

e la governa. Non ha certo rimorso,
chi non crede in nulla, ed è cattolico,
a saper d'essere spietatamente in torto.

Usando nei ricatti e i disonori
quotidiani sicari provinciali,
volgari fin nel più profondo del cuore,

vuole uccidere ogni forma di religione,
nell'irreligioso pretesto di difenderla :
vuole, in nome d'un Dio morto, essere padrone.

Qui, tra le case, le piazze, le strade piene
di bassezza, della città in cui domina
ormai questo nuovo spirito che offende

l'anima ad ogni istante, — con i duomi,
le chiese, i monumenti muti nel disuso
angoscioso che è l'uso d'uomini

che non credono — io mi ricuso
ormai a vivere. Non c'è più niente
oltre la natura — in cui del resto è effuso

solo il fascino della morte — niente
di questo mondo umano che io ami.
Tutto mi dà dolore : questa gente

che segue supina ogni richiamo
da cui i suoi padroni la vogliono chiamata,
adottando, sbadata, le più infami

Ainsi mon pays se trouve-t-il ramené
à son point de départ, en ce regain d'impiété.
Et celui qui ne croit en rien, en prend conscience

et détient le pouvoir. Le remords, il l'ignore,
puisqu'il ne croit en rien, et qu'il est catholique,
même s'il connaît bien l'impiété de ses torts.

Utilisant, pour le chantage et le déshonneur
jour après jour, des tueurs à gage de province,
vulgaires jusqu'au plus profond du cœur,

il veut tuer toute forme de religion
sous le prétexte impie de la défendre :
il veut, au nom d'un Dieu mort, être le maître.

Là, parmi ces maisons, ces places, ces rues pleines
de veulerie, en cette ville où règne en maître
désormais cet esprit nouveau qui fait offense

à l'âme à tout instant — avec les cathédrales,
les églises, les monuments muets dans l'angoissante
désuétude où les laissent les hommes

qui ne croient plus — je me refuse
à vivre désormais. Il ne reste plus rien,
si ce n'est la nature — où du reste on ne trouve

que la fascination de la mort — rien
en ce monde humain qui me donne à aimer.
Tout me fait mal : ces gens

qui obéissent, sans comprendre, au moindre signe
que leurs patrons peuvent leur adresser,
adoptant, sans se défier, les plus infâmes

abitudini di vittima predestinata;
il grigio dei suoi vestiti per le grige strade;
i suoi grigi gesti in cui sembra stampata

l'omertà del male che l'invade;
il suo brulicare intorno a un benessere
illusorio, come un gregge intorno a poche biade;

la sua regolarità di marea, per cui resse
e deserti si alternano per le vie,
ordinati da flussi e da riflussi ossessi

e anonimi di necessità stantie;
i suoi sciami ai tetri bar, ai tetri cinema,
il cuore tetramente arreso al quia...

E intorno a questo interno dominio
della volgarità, la città che si sgretola
ammucchiandosi, brasiliana o levantina,

come l'espansione di una lebbra
che si bea ebbra di morte sugli strati
dell'epoche umane, cristiane o greche,

e allinea tempeste di caseggiati,
gore di lotti color bile o vomito,
senza senso, né di affanno né di pace;

stadica i riposanti muri, i gomiti
poetici dei vicoli sui giardini interni,
i superstiti casolari dalla tinta di pomice

o topo, tra cui fichi, radicchi, svernano
beati, i selciati striati di una grama
erbetta, i rioni che parevano eterni

habitudes des victimes prédestinées;
la grisaille de leurs habits le long des rues grises;
leurs gestes gris, où l'on croit déchiffrer

leur connivence avec le mal qui les assaille;
leur grouillement autour d'un bien-être illusoire,
comme un troupeau autour d'un peu de blé;

leur régularité de marée, qui voit la foule
et la solitude se succéder au long des rues,
selon le flux et le reflux obsédant

et anonyme de satisfactions ressassées;
leurs attroupements dans les tristes bars, les tristes cinés,
le cœur qui tristement se résigne à se taire...

Et tout autour de cette domination profonde
de la vulgarité, la cité qui se désagrège
en s'entassant, brésilienne ou levantine,

pareille à l'éruption d'une lèpre
qui se délecte, ivre de mort, sur les restes
des époques humaines, chrétiennes ou grecques,

pour aligner des déferlements d'immeubles,
des cascades de lots teintés de bile ou de vomissure,
sans aucun sens, d'angoisse ni de paix;

elle détruit la douceur des murs, les méandres
poétiques des ruelles autour des jardins intérieurs,
le restant de masures couleur de pierre ponce

ou gris souris, parmi lesquelles les figuiers, la chicorée
hivernent en paix, les pavés striés d'une herbette
triste, les quartiers que l'on pouvait croire éternels,

nei loro lineamenti quasi umani
di grigio mattone o smunto cotto :
tutto distrugge la volgare fiumana

dei pii possessori di lotti :
questi cuori di cani, questi occhi profanatori,
questi turpi alunni di un Gesù corrotto

nei salotti vaticani, negli oratori,
nelle anticamere dei ministri, nei pulpiti :
forti di un popolo di servitori.

Com'è giunto lontano dai tumulti
puramente interiori del suo cuore,
e dal paesaggio di primule e virgulti

del materno Friuli, l'Usignolo
dolceardente della Chiesa Cattolica!
Il suo sacrilego, ma religioso amore

non è più che un ricordo, un'ars retorica :
ma è lui, che è morto, non io, d'ira,
d'amore deluso, di ansia spasmodica

per una tradizione che è uccisa
ogni giorno da chi se ne vuole difensore;
e con lui è morta una terra arrisa

da religiosa luce, col suo nitore
contadino di campi e casolari;
è morta una madre ch'è mitezza e candore

avec leur physionomie presque humaine
de briques grises ou d'agglomérat délavé :
le tout est emporté par le torrent vulgaire

de nos pieux propriétaires de lots :
ces cœurs de chiens, ces yeux sacrilèges,
ces honteux disciples d'un Jésus corrompu

dans les salons du Vatican, les oratoires,
les antichambres des ministres, sur la chaire :
se prévalant d'un peuple asservi.

Qu'il est donc loin maintenant de l'écoute
du pur tumulte de son cœur,
du paysage de primevères et de pousses

du Frioul maternel, le doux-ardent
Rossignol de l'Église catholique!
Son sacrilège et religieux amour

n'est plus qu'un souvenir, un art rhétorique :
mais c'est lui qui est mort, et non moi, de colère,
d'amour déçu, d'angoisse spasmodique

pour une tradition qu'assassinent
jour après jour ceux qui s'en disent les défenseurs;
et avec lui est morte une terre où sourit

une pieuse lumière, sur la limpidité
campagnarde des champs et des masures;
morte une mère toute innocence et douceur

mai turbati in un tempo di solo male;
ed è morta un'epoca della nostra esistenza,
che in un mondo destinato a umiliare

fu luce morale e resistenza.

1957-1959

inaltérable, alors que le mal règne en maître;
morte aussi une époque de notre existence,
qui, en un monde destiné à humilier

fut lumière morale et résistance.

1957-1959

Cette personne, en compagnie de laquelle je m'en allais « ... sous le sombre / tunnel des boulevards, une nuit, en bordure / de la cité, hantée par les âmes / perdues, vils crucifiés sans épines... » etc., jusqu'à rejoindre la mer, à Torvajanica, n'est autre que Federico Fellini. *(N.d.A.)*

Appendice alla Religione : *una luce*

Pur sopravvivendo, in una lunga appendice
di inesausta, inesauribile passione
— che quasi in un altro tempo ha la radice —

so che una luce, nel caos, di religione,
una luce di bene, mi redime
il troppo amore nella disperazione...

È una povera donna, mite, fine,
che non ha quasi coraggio di essere,
e se ne sta nell'ombra, come una bambina,

coi suoi radi capelli, le sue vesti dimesse,
ormai, e quasi povere, su quei sopravvissuti
segreti che sanno, ancora, di violette;

con la sua forza, adoperata nei muti
affanni di chi teme di non essere pari
al dovere, e non si lamenta dei mai avuti

compensi : una povera donna che sa amare
soltanto, eroicamente, ed essere madre
è stato per lei tutto ciò che si può dare.

Appendice à la *Religion* : une lumière

Bien que je me survive, en un long appendice
de passion inépuisée, inépuisable
— qui plonge, semble-t-il, en un autre temps ses racines —

je sais qu'en ce chaos une lueur de religion,
une lueur de bien, rachète
l'excès d'amour de ma désespérance...

C'est une pauvre femme, douce, fine,
qui a tout juste le courage d'exister,
et se tient dans l'ombre, comme une gamine,

avec ses cheveux clairsemés, ses habits humbles
et presque pauvres, désormais, enserrant toujours de
     vivants
secrets, qui ont encore la senteur des violettes;

avec sa force, dont elle use en ce muet
effort de ceux qui craignent d'être dépassés
par une tâche dont jamais, sans qu'ils s'en plaignent,

ils n'ont rien retiré : une pauvre femme, qui n'a su
     qu'aimer,
d'un amour héroïque, et en étant mère,
elle a reçu tout ce qu'elle pouvait demander.

La casa è piena delle sue magre
membra di bambina, della sua fatica :
anche a notte, nel sonno, asciutte lacrime

coprono ogni cosa : e una pietà così antica,
così tremenda mi stringe il cuore,
rincasando, che urlerei, mi toglierei la vita.

Tutto intorno ferocemente muore,
mentre non muore il bene che è in lei,
e non sa quanto il suo umile amore,

— poveri, dolci ossicini miei —
possano nel confronto quasi farmi morire
di dolore e vergogna, quanto quei

suoi gesti angustiati, quei suoi sospiri
nel silenzio della nostra cucina,
possano farmi apparire impuro e vile...

In ogni ora, tutto è ormai, per lei, bambina,
per me, suo figlio, e da sempre, finito :
non resta che sperare che la fine

venga davvero a spègnere l'accanito
dolore di aspettarla. Saremo insieme,
presto, in quel povero prato gremito

di pietre grige, dove fresco il seme
dell'esistenza dà ogni anno erbe e fiori :
nient'altro ormai che la campagna preme

ai suoi confini di muretti, tra i voli
delle allodole, a giorno, e a notte,
il canto disperato degli usignoli.

La maison tout entière est hantée de ses frêles
membres d'enfant, et de sa peine :
la nuit même, alors que tout dort, d'amères larmes

perlent partout : et une pitié si ancienne,
si terrible, m'étreint le cœur,
quand je rentre, que c'en est à hurler, à me tuer.

Tout, alentour, cruellement se meurt,
alors que ne meurt pas le bien qu'il y a en elle,
et elle ne sait pas combien son humble amour

— pauvres, doux osselets que je révère —
peut, quand j'y pense, me blesser à en mourir
de douleur et de honte, combien ses

gestes chargés d'angoisse, ses soupirs,
dans le silence de notre cuisine,
peuvent me faire paraître impur et vil...

A chaque instant, tout est désormais, pour elle, gamine,
et pour moi, son fils, et depuis toujours, fini :
il ne nous reste qu'à espérer que la fin

mette vraiment un terme à cette lancinante
douleur d'attendre. Bientôt nous dormirons
ensemble, en ce pauvre pré jonché

de pierres grises, où la fraîche semence
de l'existence fait pousser chaque année l'herbe et les
    fleurs :
seule désormais la campagne se presse

contre le petit mur de l'enclos, peuplé d'envols
d'alouettes, le jour, et, la nuit,
de rossignols, désespérés, qui chantent.

Farfalle e insetti ce n'è a frotte,
fino al tardo settembre, la stagione
in cui torniamo, lì dove le ossa

dell'altro figlio tiene la passione
ancora vive nel gelo della pace :
vi arriva, ogni pomeriggio, depone

i suoi fiori, in ordine, mentre tutto tace
intorno, e si sente solo il suo affanno,
pulisce la pietra, dove, ansioso, lui giace,

poi si allontana, e nel silenzio che hanno
subito ritrovato intorno muri e solchi,
si sentono i tonfi della pompa che tremando

lei spinge con le sue poche forze,
volonterosa, decisa a fare ciò che è bene :
e torna, attraversando le aiuole folte

di nuova erbetta, con quei suoi vasi pieni
d'acqua per quei fiori... Presto
anche noi, dolce superstite, saremo

perduti in fondo a questo fresco
pezzo di terra : ma non sarà una quiete
la nostra, ché si mescola in essa

troppo una vita che non ha avuto meta.
Avremo un silenzio stento e povero,
un sonno doloroso, che non reca

dolcezza e pace, ma nostalgia e rimprovero,
la tristezza di chi è morto senza vita :
se qualcosa di puro, e sempre giovane,

Papillons et insectes y voltigent en foule
jusqu'à la fin septembre, et c'est le temps
où nous y revenons, là où la passion

maintient encore en vie les cendres
de l'autre fils, dans le gel de la paix :
elle y vient, chaque après-midi, elle dépose

ses fleurs, en ordre, tandis que tout se tait
alentour, et que l'on n'entend que sa peine,
elle nettoie la dalle sous laquelle, anxieux, il dort,

et puis elle s'éloigne, et dans le silence qui
retombe aussitôt sur les sillons et sur les clôtures,
on entend le bruit sourd de la pompe qu'en tremblant

elle actionne de toutes ses faibles forces,
bien décidée à tout faire comme il convient :
elle revient, foulant des plates-bandes où

l'herbe nouvelle pousse drue, avec ses vases
emplis d'eau pour les fleurs... Bien vite
nous dormirons aussi, doux survivant,

perdus tout au fond de ce frais
lopin de terre : mais sans que nous puissions
y trouver le repos, car il s'y mêle

trop d'une vie consumée en vain.
Nous aurons, à grand-peine, un pauvre silence,
un sommeil douloureux, qui n'apportera

ni douceur ni repos, mais regrets et reproches,
la tristesse de ceux qui moururent sans vivre :
s'il y subsistera quelque chose de pur,

vi resterà, sarà il tuo mondo mite,
la tua fiducia, il tuo eroismo :
nella dolcezza del gelso e della vite

o del sambuco, in ogni alto o misero
segno di vita, in ogni primavera, sarai
tu; in ogni luogo dove un giorno risero,

e di nuovo ridono, impuri, i vivi, tu darai
la purezza, l'unico giudizio che ci avanza,
ed è tremendo, e dolce : ché non c'è mai

disperazione senza un po' di speranza.

1959

et de jeune, à jamais, ce sera bien ton monde calme,
ta confiance, ton héroïsme :
dans la douceur de la vigne et du mûrier,

ou du sureau, en tout signe de vie
humble ou altier, en tout printemps, ce sera
toi; en tout endroit où un jour rirent

et où rient, de nouveau, les impurs vivants, tu porteras
la pureté, le seul jugement qu'il nous reste,
et c'est terrible, et doux : car jamais il n'y a

de désespoir sans un peu d'espérance.

1959

A UN PAPE

A UN PAPA

Pochi giorni prima che tu morissi, la morte
aveva messo gli occhi su un tuo coetaneo:
a vent'anni, tu eri studente, lui manovale,
tu nobile, ricco, lui un ragazzacio plebeo:
ma gli stessi giorni hanno dorato su voi
la vecchia Roma che stava tornando così nuova.
Ho veduto le sue spoglie, povero Zucchetto.

Girava di notte ubriaco intorno ai Mercati,
e un tram che veniva da San Paolo, l'ha travolto
e trascinato un pezzo pei binari tra i platani:
per qualche ora restò lì, sotto le ruote:
un po' di gente si radunò intorno a guardarlo,
in silenzio: era tardi, c'erano pochi passanti.

Uno degli uomini che esistono perché esisti tu,
un vecchio poliziotto sbracato come un guappo,
a chi s'accostava troppo gridava: « Fuori dai coglioni! »
Poi venne l'automobile d'un ospedale a caricarlo:
la gente se ne andò, restò qualche brandello qua e là,
e la padrona di un bar notturno, più avanti,
che lo conosceva, disse a un nuovo venuto
che Zucchetto era andato sotto un tram, era finito.

Pochi giorni dopo finivi tu: Zucchetto era uno
della tua grande greggia romana ed umana,
un povero ubriacone, senza famiglia e senza letto,

Quelques jours avant que tu ne mourusses, la mort
    avait jeté les yeux sur quelqu'un de ton âge :
à vingt ans, tu étudiais, il était manœuvre,
    toi, noble, riche, et lui, garnement plébéien :
mais les mêmes jours ont doré tout autour de vous
    la Rome antique, lui redonnant tant de jeunesse.
J'ai vu sa dépouille, pauvre Zucchetto.

   Il rôdait la nuit, saoul, autour des Marchés,
et un tram, qui venait de Saint-Paul, l'a renversé
    et traîné quelque temps sur les rails parmi les platanes :
on l'a laissé là quelques heures, sous les roues :
    quelques curieux se réunirent tout autour pour le regarder
en silence : il était tard, les passants étaient rares.

   L'un de ces hommes qui te doivent l'existence,
un vieux policier, débraillé comme un gueux,
    criait, si l'on s'approchait trop : « Foutez le camp! »
Puis l'ambulance d'un hôpital vint l'emporter :
    les gens s'en allèrent, il ne resta que des lambeaux çà et là,
et la patronne d'un café ouvert la nuit, un peu plus loin,
    qui le connaissait bien, dit à quelqu'un qui arrivait
que Zucchetto était passé sous un tram, que c'était fini.

   Tu mourus quelques jours plus tard : Zucchetto était membre
de ton grand troupeau apostolique et humain,
    un pauvre ivrogne, sans famille et sans toit,

che girava di notte, vivendo chissà come.
  Tu non ne sapevi niente : come non sapevi niente
di altri mille e mille cristi come lui.
  Forse io sono feroce a chiedermi per che ragione
la gente come Zucchetto fosse indegna del tuo amore.
  Ci sono posti infami, dove madri e bambini
vivono in una polvere antica, in un fango d'altre epoche.
  Proprio non lontano da dove tu sei vissuto,
in vista della bella cupola di San Pietro,
  c'è uno di questi posti, il Gelsomino...
Un monte tagliato a metà da una cava, e sotto,
  tra una marana e una fila di nuovi palazzi,
un mucchio di misere costruzioni, non case ma porcili.
  Bastava soltanto un tuo gesto, una tua parola,
perché quei tuoi figli avessero una casa :
  tu non hai fatto un gesto, non hai detto una parola.
Non ti si chiedeva di perdonare Marx! Un'onda
  immensa che si rifrange da millenni di vita
ti separava da lui, dalla sua religione :
  ma nella tua religione non si parla di pietà?
Migliaia di uomini sotto il tuo pontificato,
  davanti ai tuoi occhi, son vissuti in stabbi e porcili.
Lo sapevi, peccare non significa fare il male :
  non fare il bene, questo significa peccare.
Quanto bene tu potevi fare! E non l'hai fatto :
  non c'è stato un peccatore più grande di te.

qui rôdait la nuit, vivant comme il pouvait.
     Tu en ignorais tout : et tu ignorais tout, de même,
de milliers d'autres christs comme lui.
     Peut-être est-il cruel de se demander pourquoi
les gens comme Zucchetto étaient indignes de ton amour.
     Il y a des lieux infâmes, où mères et enfants
vivent depuis toujours dans la poussière et dans la boue d'un
     autre âge.
     Pas très loin de là où tu as vécu,
en vue de la belle coupole de Saint-Pierre,
     il y a l'un de ces endroits, le Jasmin...
Un mont qu'entaille à mi-flanc une carrière, et, au-dessous,
     entre une mare et une rangée de nouveaux immeubles,
un tas de misérables abris, non point maisons, mais porcheries.
     Il eût suffi d'un geste de ta part, d'un mot,
pour que ceux de tes fils qui vivaient là trouvent un toit :
     tu n'as pas fait un geste, et tu n'as soufflé mot.
Il n'était pourtant pas question d'absoudre Marx! Une vague
     immense, qui rejaillit sur des milliers d'années de vie,
te séparait de lui, de sa religion :
     mais ta religion ignore-t-elle la pitié?
Des milliers d'hommes, lors de ton pontificat,
     ont vécu sous tes yeux dans le fumier, les porcheries.
Tu savais que pécher n'est pas faire le mal :
     ne point faire le bien, voilà le vrai péché.
Que de bien tu aurais pu faire! Et tu ne l'as point fait :
     il n'y eut pas plus grand pécheur que toi.

     Ce poème fait partie d'un ensemble intitulé « Humilié et Offensé
(Épigrammes) 1958 ». *(N.d.T.)*

III

Poésie en forme de rose
Poesia in forma di rosa

POÉSIE EN FORME DE ROSE

POESIA IN FORMA DI ROSA

Ho sbagliato tutto.
Sbagliava, spaurito al microfono,
con la prepotente incertezza del brutto,

del soave poeta, quel mio omonimo,
che ancora ha il mio nome.
Si chiamava Egoismo, Passione.

Sbagliava, con la sua balbettante bravura,
rispondendo a domande di amici o fascisti,
Maciste magretto della letteratura.

Interlocutori di Teramo o Salerno,
di Conselice, o Frosinone o Genova,
quello là, che aveva tanta ragione,

sbagliava tutto.

Sceso giù da Parigi
— una primavera uguale in tutta Europa,
mestruo di fango e sole febbrile,

o che sui campi (ruggini con viola
di prugna velato, e ovali verdi, con in fondo
l'ombra della foresta romanza...

Je me suis complètement fourvoyé.
Il se fourvoyait, effarouché, face au micro,
plein de la fougueuse incertitude du grossier,

du suave poète, cet homonyme
qui possède encore mon nom.
Il s'appelait Égoïsme, Passion.

Il se fourvoyait, avec sa balbutiante fougue,
répondant aux questions d'amis ou de fascistes,
Maciste maigrelet de la littérature.

Interlocuteurs de Teramo ou de Salerne,
de Conselice, de Frosinone ou de Gênes,
celui-là, qui avait toujours raison,

se fourvoyait complètement.

Descendu de Paris
— partout en Europe ce même printemps,
menstrues de boue et d'un soleil de fièvre,

que, sur ces champs (couleur de rouille, avec un violet
de prune, voilé, et des ovales verts, avec au fond
l'ombre de la forêt romane...

Watteau, Renoir — salnitri
sotto lo strato di verde, barbarico)
il sole di quella primavera
spargesse prepotente dolore,

o su questi campi : ai piedi di pale
d'altare, rosso appenninico e casupole
di sottoproletariato latino —

... io ho sbagliato tutto.
Ah, sistema di segni
escogitato ridendo, con Leonetti e Calvino,

nella solita sosta, nel Nord.
Segni per sordomuti, con ideografie
una volta per sempre internazionali.

Il povero Denka nel fondo del Sudan,
con gli altri poveri selvaggi
(centoventi dialetti), regga sicuro

sulla spalla la lancia come uno sci,
alto, sublime verme nudo,
nonno o nipote,

tra quel disegno mai disegnato
(se non dai fanatici razionalisti
roussoiani, in Europa)

di sicomori e di mogani
(che io amo come i più bei monumenti
cristiani : sarà il sole, la pace,

l'orrore dell'Africa intorno)

Watteau, Renoir — salpêtres
sous la couche de vert, barbare),
le soleil de ce printemps
répande une douleur impérieuse,

ou sur ces autres champs : au pied de garnitures blanches
d'autel, un rouge apennin, et les cabanes
du sous-prolétariat latin —

... je me suis complètement fourvoyé.
Ah, système de signes
inventés en riant, avec Leonetti et Calvino,

lors de l'étape habituelle, dans le Nord.
Signes pour sourds-muets, avec idéographies
définitivement internationales.

Que le pauvre Denka, au fond du Soudan,
avec tous les pauvres sauvages
(cent vingt dialectes), marche tranquille,

la lance sur l'épaule comme un ski,
haut, sublime ver nu,
très jeune ou très vieux,

en ce dessin jamais dessiné
(sinon par de fanatiques rationalistes
disciples de Rousseau, en Europe)

de sycomores et d'acajous
(que j'aime à l'égal des plus beaux monuments
chrétiens : le soleil, peut-être, la paix,

.l'horreur de l'Afrique alentour)

gonfi e asimmetrici sul verde,
sul verde non francese, sul verde
non latino,

— sul nuovo verde del mondo,
da millenni incarnato nella foresta.
State tranquilli, Denka,
e voi delle centoventi altre tribù

parlanti suoni di ceppi diversi,

perchè qui con Leonetti e Calvino
sistemiamo i sistemi di segni,
e buonanotte ai dialetti.

Ho sbagliato tutto. Fiumicino,
riapparso di tra nuvole di fango,
è ancora più vecchio di me.

I resti del vecchio Pasolini
sui profili dell'Agro... tuguri
e ammassi di grattacieli...

È una rosa carnale di dolore,
con cinque rose incarnate,
cancri di rosa nella rosa

prima : in principio era il Dolore.
Ed eccolo, Uno e Cinquino.
La prima rosa seriore significa

(ah, una puntura di morfina! aiuto!) :

Hai sbagliato tutto, brutto, soave!
L'idea di aver sbagliato! Io!
Capite? Io! Lo smacco, lo scacco...

gonflés et dissymétriques sur le vert,
sur le vert non français, sur le vert
non latin,

— sur le vert tout neuf du monde
incarné depuis des milliers d'années dans la forêt.
Soyez tranquille, Denka,
et vous, des cent vingt autres tribus,

qui prononcez des sons d'origine diverse,

puisqu'ici, avec Leonetti et Calvino,
nous mettons au point des systèmes de signes,
et bien le bonsoir aux dialectes.

Toujours je me suis fourvoyé. Fiumicino,
réapparu parmi des nuages de boue,
est encore plus vieux que moi.

Les restes du vieux Pasolini
sur les contours de l'Ager... bidonvilles
et amas de gratte-ciel...

C'est une rose charnelle de douleur,
avec cinq roses incarnées,
cancers de rose dans la rose

première : au début était la Douleur.
Et la voici, Une et Quine.
La première rose tardive signifie

(ah, une piqûre de morphine! à l'aide!) :

Tu t'es complètement fourvoyé, grossier, suave!
L'idée de m'être fourvoyé! Moi!
Comprenez-vous? L'échec, l'affront...

È finita : bestemmiare, suicidarsi,
il sole di fiume di Fiumicino
vuol dire che sono pieno di sabbia

accecante, di limo sbriciolato.
Dentro il tassì i petali del cancro,
verso la riaffiorata

Roma, col vecchio Pasolini macro
di sè, sdato, degradato.
E, dietro l'errore nella questione linguistica,

ecco, petalo incarnato su petalo,
nella Rosa Cinquina, il Dolore Due :
lo « sbaglio di tutta una vita ».

Basta staccare un petalo e lo vedi.
Rosso dove doveva esser bianco,
o bianco dove doveva esser giallo, come

volete : e questo per tutta una vita,
che, per fatalità, consente UNA
SOLA VIA, UNA FORMA SOLA.

Come un fiume, che — nel meraviglioso
stupefacente suo essere
quel fiume — contiene il fatale

non essere alcun altro fiume.

Si dice, nella vita van perse molte occasioni :
ma... la Vita ha un'occasione SOLA.
Io l'ho perdutta tutta.

Come può, tutto ciò,
non ripercuotersi nel sesso, castrando
il figlio fino all'ultima lacrima?

C'est fini : blasphémer, se suicider,
le soleil de fleuve de Fiumicino
me signifie que je suis plein de sable

aveuglant, de boue effritée.
Dans le taxi ces pétales de cancer
vers Rome, de nouveau

apparue, avec le vieux Pasolini, tout
émacié, déprécié, déchu.
Et, après l'erreur dans le problème linguistique,

voici, pétale incarné sur pétale,
dans la Rose Quine, la Seconde Douleur :
Le « fourvoiement de toute une vie ».

Sitôt que l'on détache un pétale, on le voit.
Rouge alors qu'il devrait être blanc,
ou blanc alors qu'il devrait être jaune, comme

on voudra : et ce, tout au long d'une vie,
qui ne nous laisse, c'est fatal, qu'UN
SEUL CHEMIN, UNE SEULE FORME.

Tel un fleuve — dont le merveilleux
et stupéfiant fait d'être
ce fleuve-là — fatalement implique

qu'il ne puisse s'agir d'aucun autre fleuve.

On dit qu'en cette vie bien des chances se perdent :
mais... la Vie ne nous offre qu'UNE chance.
Je l'ai, pour moi, entièrement perdue.

Comment tout ceci pourrait-il
ne point se répercuter sur le sexe, châtrant
le fils jusqu'à la dernière larme?

E così ecco la Terza Corona del Cancro.
Una discesa di barbari alloglotti
(il tassì rade argini, l'erba

tagliente e cupa, dal cuore delle notti
— misteriose e palustri, di nascenza —
abbandonata a questo sole micidiale),

una discesa medioevale, di Goti o Celti.
Questo sole che dà emicrania a adolescenti
moderni, a universitari, a donne

di ceti medi, con rossetti e patenti...
intossica anche il barbaro... Ah,
egli nel gelo dei praticelli fiorenti

riposerà, assorto, forse, in qualche
lavoro manuale, non indegno,
mai, dell'uomo. Su lui, tacerà,

oltre le divisioni dei maggesi
— pagane, con Priapo, cristiane
con la croce — nel comune latino

la campana, che mai nei millenni suonò
verso le tre del pomeriggio.
È prima della primavera il risveglio
del sesso : sarà il gelo o il sudore

a risvegliare nei panni ancora invernali,
di maglia, la carne, come di cane o cavallo,
che pare, della maglia, aver la stessa arsura

molle come frutto e secca come fango,
sarà il freddo che serpeggia sull'erba
troppo verde sugli argini,

Et voici maintenant la Troisième Couronne du Cancer.
Un déferlement de barbares alloglottes
(le taxi frôle les talus, l'herbe

hérissée et noire, venue du cœur des nuits
— mystérieuses et palustres, de naissance —
abandonnée à ce soleil meurtrier),

un déferlement médiéval, de Goths ou de Celtes.
Ce soleil qui donne la migraine à de modernes
adolescents, à des universitaires, à des femmes

des couches moyennes, avec maquillage et permis...
intoxique aussi le barbare... Ah,
sans doute dans le gel des prés fleuris

se reposera-t-il, absorbé en quelque
travail manuel, qui jamais ne fut
indigne de l'homme. Sur lui fera silence

au-delà de la division des jachères
— païenne, avec Priape, chrétienne,
avec la croix — dans la commune latine

la cloche, qui jamais au fil des siècles ne sonna
vers trois heures du soir.
C'est avant le printemps que survient le réveil
du sexe : est-ce le gel, ou la sueur,

qui réveille, sous les vêtements de laine
encore hivernaux, la chair, cette chair de chiens, ou de
   chevaux,
qui semble, de la laine, avoir pris la brûlure,

douce comme un fruit et sèche comme boue,
ou bien est-ce le froid qui serpente sur l'herbe
trop verte des talus,

o il caldo del primo sole bianco,
in cui la campana del Comune tace,
e le bestie pascolano come sognando...

E la donna, la cui nobiltà
si manifesta nell'ipocrisia
di fingersi soltanto remissiva,

— chiamando obbedienza la sua debolezza —
è anche lei perduta in un lavoro manuale,
di femmina, lei, tra le femmine...

E non canta : perchè mai nei millenni
donna cantò alle tre del pomeriggio.

Il mestruo nel sole non ha odore.
Le bestie pascolano come sognando...

Quel Terzo Dolore consiste
non nel patire la terribile voglia
ma nel trarne solo ossessione.

E, da qui, il Quarto Dolore,
per cui succube degli impeti di morte
che mi salgono dal ventre, batterei
il capo, muto, contro i vetri

del tassì che percorre
l'orribile autostrada dove è chiaro
che sono senza amore, mentre, barbaro
o miseramente borghese, il mondo è pieno,
pieno d'amore... Di secolo in secolo

il sole dà emicranie e erezioni — il padre
orina, dominando la voglia per la notte,
nel fossatello di un'antica divisione

ou la blanche chaleur de ce premier soleil,
sous lequel la cloche de la Commune fait silence,
tandis que les bêtes paissent comme en rêvant...

Et la femme, dont la noblesse
se manifeste dans l'hypocrisie
de se feindre toujours soumise

— nommant sa faiblesse obéissance —
est elle aussi perdue en un travail manuel,
de femme, pour sa part, entre les femmes...

Et ne chante pas : jamais au fil des siècles
femme ne chanta à trois heures du soir.

Les menstrues du soleil n'ont pas d'odeur.
Les bêtes paissent comme en rêvant...

Cette Troisième Douleur consiste
non point à endurer une terrible envie,
mais à n'en retirer qu'obsession.

Vient alors la Quatrième Douleur,
telle, qu'en proie à ces pulsions de mort
qui prennent aux entrailles, je cognerais
ma tête, sans un mot, aux vitres

du taxi qui parcourt
cette horrible autoroute où il n'est que trop clair
que je suis sans amour, alors que, barbare
ou misérablement bourgeois, ce monde est plein,
tout plein d'amour... Siècle après siècle

le soleil procure migraines et érections — le père
urine, maîtrisant son envie pour la nuit,
dans le petit fossé d'une antique division

di campi, dovuta a pre-Italici ed Italici,
in questo stesso cerchio dell'Appennino,
e io, da questo sole, maglia di lana

e primo sudore nel gelo,
io vado constatando, coi pugni sul ventre,
la mia mancanza di amore, fino all'ultima lacrima.

Il Quinto Dolore è il meno esprimibile
(ora, poi, che a Parigi nei giornali
storpiano il mio nome,

e con Calvino e Leonetti, Ordinari
di Modernità nelle cattedre del Nord,
si prospetta un'era antropologica

che dissacra i dialetti!)
ora, poi, è addirittura ridicolo,
fuori dalle sue lacrime,

nella comprensione della sua ragione :
la delusione della storia!
Che ci fa giungere alla morte
senza essere vissuti,

e, per questo, restare sulla vita
a contemplarla, come un rottame,
uno stupendo possesso che non ci appartiene.

Ridicolo dolore di prigioniero,
di sciancato, che vede tutto concesso agli altri
in un trionfo di felicità senza fine

semplice come la luce del sole con cui si confonde.

des champs, due à pré-Italiques et Italiques,
en ce même cercle des Apennins,
et moi, sous ce soleil, tricot de laine

et première sueur glacée,
je vais constatant, les poings sur le ventre,
mon manque d'amour, jusqu'à la dernière larme.

La Cinquième Douleur est la moins exprimable
(maintenant, surtout, qu'à Paris les journaux
écorchent mon nom,

et qu'avec Calvino et Leonetti, titulaires
de chaires de Modernité dans le Nord,
nous voyons s'ouvrir une ère anthropologique

qui désacralise les dialectes!)
maintenant, d'ailleurs, elle est vraiment ridicule,
surgie de ses larmes,

dans la compréhension de sa raison :
la déception de l'histoire!
Qui nous mène jusqu'à la mort
sans que nous ayons vécu,

et nous tient ainsi, face à la vie,
à la contempler, comme un débris,
une incroyable possession qui nous échappe.

Ridicule douleur de prisonnier,
de boiteux, qui voit tout concéder aux autres,
en un triomphe de bonheur sans fin

simple comme la clarté du soleil qui s'y joue.

Il Quinto Dolore è sapere
che miliardi di viventi
una dolce mattina, si desteranno,
come in ogni mattina della loro vita,

nel semplice sole dell'Europa futura,
i suoi gelsi, le sue primule,
— o in quello profondo dell'India
nel puzzo sublime del colera che aleggia

su corpicini nudi come spiriti,
— o in quello spudorato dell'Africa
sempre più moderna
sul verde della morte che sarà cornice
al furioso dono della vita,

— o in questo di Fiumicino, sole di fiume
che fa dell'odore del fango una festa
di misera immortalità latina...

Miliardi di viventi,
una dolce mattina si desteranno,
al semplice trionfo delle mille mattine della vita,

con la maglia riarsa... con l'umido
del primo sudore... Felici — essi —
felici! Essi soltanto felici!

Essi soltanto possessori del sole!
Lo stesso sole del barbaro
che nel Medioevo discese,

e, dalle gole dei monti, dalle ombre
della neve, si accampò,
sull'erba nera e folta,
cattiva e felice degli argini d'aprile.

La Cinquième Douleur, c'est de savoir
que des milliards d'êtres vivants,
par un beau matin, s'éveilleront,
comme en tout autre matin de leur vie,

sous le simple soleil de l'Europe future,
avec ses mûriers, ses primevères
— ou bien sous le soleil profond de l'Inde
dans la puanteur sublime du choléra qui ondoie

sur de frêles corps nus comme des esprits
— ou bien sous l'impudique soleil de l'Afrique
de plus en plus moderne
sur le vert de la mort, qui servira de cadre
au don furieux de la vie,

— ou bien sous ce soleil de Fiumicino, soleil de fleuve
qui fait de l'odeur de boue une fête
d'humble immortalité latine...

Des milliards d'êtres vivants,
par un beau matin, s'éveilleront,
au simple triomphe de mille matins de vie,

leur tricot brûlé... baignés
d'une première sueur... Heureux — ceux-là —
heureux! Heureux ceux-là seulement!

Ceux-là seulement possesseurs du soleil!
Le même soleil que celui du barbare
qui, au Moyen Age, descendit,

et, des gorges des monts, des ombres
de la neige, vint établir son campement
sur l'herbe noire et drue,
heureuse et méchante, des talus d'avril.

Solo chi non è nato, vive!
Vive perchè vivrà, e tutto sarà suo,
è suo, fu suo!

Si apre come un'aurora
Roma, dietro le spirali del Tevere,
gonfio di alberi splendidi come fiori,

biancheggiante città che attende i non nati,
forma incerta come un incendio
nell'incendio di una Nuova Preistoria.

Celui qui n'est pas né est bien le seul à vivre!
Il vit, puisqu'il vivra, et tout sera sien,
est sien, fut sien!

On voit s'ouvrir comme une aurore
Rome, derrière les méandres du Tibre,
gonflé d'arbres splendides comme des fleurs,

blanchoyante cité qui attend ceux qui vont naître,
forme indécise comme un incendie
dans l'incendie d'une Nouvelle Préhistoire.

Cette poésie, comme la plupart de celles qui font partie de ce dernier recueil, n'est pas précisément datée. Nous savons toutefois que la composition de ces pièces s'est échelonnée sur près de deux années, du printemps de 1962 à celui de 1964. L'auteur nous a assuré que l'ordre de leur publication — que nous avons respecté — correspondait à l'ordre de leur élaboration, du moins sous sa forme la plus achevée. *(N.d.T.)*

UNE VITALITÉ
DÉSESPÉRÉE

UNA DISPERATA VITALITÀ

Poema per un verso di Shakespeare

Nell'angolo buio delle dieci del mattino,   mi lascia :
e se ne sta come un uccello dei mesi di pioggia —
*   emigrato da terre che non hanno ancora un nome — che*
si nasconde in qualche boscaglia   a dormire quando il
giorno incomincia   (ecc. ecc. « mistificare » senza
mezzi termini, la pretestualità dell'ispirazione letteraria,
la fondazione assurda del poema ecc.)

Eh,   uccellaccio dormiente!   grigio come il fango,
bianco come il sole delle dieci del mattino,   col capo
innocentemente senza vita sotto l'ala,

io non so dove, non so come — ma so che ci
sei.   Anzi, direi che, nel tuo silenzio mattutino, nella
tua assenza, la voglia di morire è ancora più chiara :

e infatti è come un bambino che io mi godo quest'ora
concessa ancora una volta, le dieci, con la pioggia,   i
rumori del quartiere teneramente intonati

sui colpi di scure di uno spaccalegna   in qualche
giardino in mezzo alla città.   (Verità evanescente
della situazione domestica, l'ossessione narcissica, sempre

Poésie sur un vers de Shakespeare

Dans l'angle obscur de dix heures du matin,   il m'abandonne : et il se tient comme un oiseau des mois de pluie —
    émigré de terres qui n'ont pas encore de nom — qui se cache en quelque fourré   pour dormir quand le jour commence   (etc. etc. « mystifier » sans moyens termes, la prétextualité de l'inspiration littéraire, le fondement absurde du poème, etc.)

Eh,   oiseau de malheur dormant!   gris comme la boue, blanc comme le soleil de dix heures du matin,   la tête innocemment sans vie sous l'aile,

je ne sais où, je ne sais comment — mais je sais que tu es là.   On dirait même, qu'en ton silence matinal, en ton absence, le désir de mourir est plus clair encore :

et en fait tout comme un enfant je jouis de cette heure qui m'est une fois de plus concédée, dix heures, avec la pluie,   la rumeur du quartier tendrement accordée

aux coups de hache d'un bûcheron   en quelque jardin au cœur de la ville.   (Vérité évanescente de la situation familiale, l'obsession narcissique, toujours pour

per l'infatuata, arbitraria irrazionalità dell'idea dell'abiu-
ra ecc. ecc.)   Nella mia pace figliale, ma non crepusco-
lare, tu dormi,

   dove e come non so, verso di Shakespeare,   *ritornato*
per istinto stagionale (?)   da terre che non hanno
nulla a che fare con noi ecc.

Accorato — in un rantolo che da un angolo si fa
canzone, imboccando l'allegra Via Carini, un motore di
macchina famigliare, italica, è qua, e poi pian piano
dilegua, accorato : « Ciò che hai saputo hai saputo, il resto
non lo saprai. » Non lo saprò? Non lo saprò? Ah,

   uccellaccia nera, che ti fingi bianca,
   come una sposa di paese, con ali di rapace
   nei teneri grigiori del Friuli :

   uccellaccia con l'occhio maligno,   che si finge chiuso
nel beato sonno   di chi sa paesaggi di foreste e deserti
mai visti,

   non lo saprò? Ah, no, ah no!   La falla che hai aperto
con l'idea   dei trentamila anni, io la chiuderò

   — e la chiuderò proprio con l'idea   di quei tuoi
« trentamila anni »!   Il decorso del male! la speranza—

in cui il reduce si gloriò (gli Anni Quaranta..., la
Svizzera, la Jugoslavia..., il sapore di sole dell'Italia in
quella prima primavera, la mancata scoperta di una
patria ecc.) — pretesto poetico all'impoeticità della
ragione —   che aprì uno spiraglio nel futuro...

   Poco : e piano piano. Prima fu   questione di una
generazione.   Ma poi — perchè soltanto una genera-
zione?

l'arbitraire, l'irrationnelle infatuation de l'idée d'abjuration, etc. etc.)   Dans ma paix filiale, mais non crépusculaire, tu dors,

je ne sais où ni comment, *vers de Shakespeare,*   revenu par instinct saisonnier (?)   de terres qui n'ont rien à voir avec nous, etc.

Poignant — en un râle qui d'un angle se fait chanson, empruntant la joyeuse Via Carini, un moteur de voiture familiale, italique, est là, et puis tout doucement s'évanouit, poignant : « Tu sais ce que tu sais, le reste tu ne le sauras pas. » Je ne le saurai pas? Je ne le saurai pas? Ah,

oiselle de malheur noire, qui te feins blanche,
comme une mariée de village, avec tes ailes de rapace
dans les tendres grisailles du Frioul :

oiselle de malheur à l'œil pervers,   qui se feint clos
dans le sommeil heureux   de qui connaît des paysages
de forêts et de déserts inouïs,

je ne le saurai pas? Ah, non, ah non!   La faille que
tu as ouverte avec l'idée   des trente mille ans, je la
comblerai

— et je la comblerai justement avec cette idée   des
« trente mille ans »!   Le décours du mal! l'espérance —

dont le revenant se glorifia (les Années Quarante..., la Suisse, la Yougoslavie..., la saveur de soleil de l'Italie en ce premier printemps, la découverte d'une patrie que l'on manqua etc.) — prétexte poétique à la raison sans poésie —   qui ouvrit une lucarne sur l'avenir...

Peu : et tout doucement. Tout d'abord il fut   question d'une génération.   Mais après tout — pourquoi d'une génération seulement?

E l'entità fu allora quella di un secolo,   un piccolo
secolo, coi figli dei figli.   Ma qui, sulle labbra di questo
secolo,

il Verso posò allora i suoi artigli, e dilaniò.   Il secolo
fu un millennio,   il millennio un numero ideale di
« trenta millenni ».

Dilagò la nevrosi, attraverso la ferita. E la morte venne
allora dalla vita, dai regni che si estendono oltre la sua
ombra, dove c'è soltanto luce la stupenda luce del futuro.
« Ciò che hai saputo, hai saputo : il resto non lo
saprai. »

Non lo saprò? E allora che senso ha avuto   una vita
che non è altro che passato   e con esso nasce ogni
giorno, come un rosaio?

Poi, periodico (quasi mestruo, o contrazione   di
colite nelle povere viscere)   l'uccellaccia si sveglia, ed è
finita!

Viene, e lottiamo senza più parole.   Un'aquila sul
capretto : un capretto però,   che morde come un lupo.
Mi abbranca,   e mi trascina su. C'è una nuvola fatta di
bagliore arancione.   È come un'isola, con intorno il
bordo della marea

— un filo di luce nerastra, ecc. ecc. È gonfia di
montagne, un sacco arancione, di luce, pieno di pannoc-
chie ecc. —   o patate, o ossa animali —

L'orizzonte romano,
sotto, è cancellato,
con la sbocconcellata ombra dell'Appia Antica.

Il y eut alors une entité d'un siècle,   un tout petit
siècle, avec les fils des fils.   Mais là, sur les lèvres de ce
siècle,

le Vers alors planta ses serres, et l'écartela.   Les
cent ans devinrent mille ans,   les mille ans un nombre
idéal de « trente mille ans ».

La névrose essaima, à travers la blessure. Et la mort
vint alors de la vie, des espaces qui s'étendent au-delà de
son ombre, là où il n'y a d'autre lumière que l'incroyable
lumière du futur. « Tu sais ce que tu sais : le reste, tu ne
le sauras pas. »

Je ne le saurai pas? Quel sens, alors, aurait donc
eu   une vie qui n'est que passé   et chaque jour naît
avec lui, tel un rosier?

Puis, périodiquement (comme menstrues, ou contrac-
tion   de colite en de pauvres entrailles)   l'oiselle de
malheur s'éveille, et c'est fini!

Elle vient, et nous luttons sans plus parler.   Un
aigle sur un chevreau : un chevreau toutefois   qui a
des dents de loup. Elle m'agrippe,   et puis m'emporte.
Il y a un nuage fait d'une lueur orangée.   C'est comme
une île, toute ourlée de marée

— un rai de lumière noirâtre, etc. etc. C'est un
gonflement de montagnes, un sac orangé, de lumière,
plein d'épis de maïs, etc. —   ou de pommes de terre,
ou d'ossements d'animaux —

L'horizon romain,
au-dessous, s'efface,
avec l'ombre effritée de l'Appia Antique.

(Altri appunti di scenografia « tiepida » : Il campo del cielo, e l'ombra dell'Agro,   tutto è nero, o castano — abbrunato dall'ora   del crepusculo che coincide con quella del temporale.   C'è solo quel nuvolo di vernice arancione, irregolare, oblungo, quel sacco di pannocchie di luce, nel cielo.)

Io e lei siamo lì,   che lottiamo,   come figure di un pittore del Cinquecento Nero (tanto per non cambiare, per restare coerente coi sublimi traslati della mia testa storica!)   Siamo lì, abbrancati   come una mantide che fa l'amore con un passerotto.   E, visti da lontano,   sui pendii del fuoco arancione, gla- ciale   di quella nube alla periferia di Roma,   si potrebbe essere incerti se è coito, sonno o duello   all'ul- timo sangue.   Finchè resta — e resta a lungo — la luce su quella montagna di luce d'aranci,   su quell'ombrel- la spumeggiante...

« *Scienza della storia! Mostruosa schematicità che prevede, di ciò che fu, ogni forma, interna, la norma, l'irregolarità, e quell'infinità di concetti che danno un nome, nei più infiniti diversi modi, ai suoi aspetti, alle sue ineffabilità, e, infine, al suo corso potente! Scienza della storia, aiutami! se io so tutta l'infinità ch'è dietro a me, fatale perchè esistente, sarò vincitore.* »

Poi, su quel pezzo di cielo   si spengono i riflettori, pian piano.

Più giù, in fondo alla Tuscolana, oltre Cinecittà, c'è un prato,

(Autres indications de mise en scène « tiède » : le champ
du ciel, et l'ombre de l'Ager,   tout est noir, ou châtain
— assombri par l'heure   du crépuscule qui coïncide
avec celle de l'orage.   Il n'y a que ce nuage de vernis
orangé, irrégulier, oblong,   ce sac d'épis de maïs de
lumière, dans le ciel.)

Elle et moi sommes là,   qui luttons,   comme des
personnages d'un peintre du Cinquecento Noir (ne
serait-ce que pour ne pas changer, pour rester cohérent
avec les sublimes transferts de ma tête histori-
que!)   Nous voilà, agrippés   comme une mante qui
fait l'amour avec un passereau.   Et, vus de loin,
        sur les contreforts de ce feu orangé, glacial,
        de cette nue à la périphérie de Rome,   on
pourrait hésiter pour savoir si c'est coït, sommeil ou
duel   jusqu'au dernier sang.   Tant que s'attarde
— et elle s'attarde longuement — la lumière sur cette
montagne de lumière d'orangers,   sur cette ombelle
écumante...

« Science de l'histoire! Monstrueuse épure
qui prévoit, pour tout ce qui fut, la structure
interne, la norme, l'exception,
avec cette infinité de concepts qui caractérisent
d'une infinie multiplicité de façons,
tous ses aspects, ce qu'elle a d'ineffable,
et, enfin, son cours puissant!
Science de l'histoire, à l'aide!
si je connais tout l'infini qui me précède,
nécessaire puisqu'il existe, je vaincrai. »

Puis, sur ce pan de ciel,   les réflecteurs s'éteignent,
tout doucement.

Plus loin, tout au fond de la Tusculane,
au-delà de Cinecittà, il y a un pré,

tutto pelato, con lievi ondulazioni, un piccolo
deserto, con una fila di piloni, una centrale
elettrica, in fondo, dai globi di luce smagliante e morta :
sotto un pilone senza luci,
nel centro di quel prato,
c'è una passeggiatrice che aspetta, nel fango gelato,
il paltoncino arancione, le scarpe sporche, la borsa.
Vestiti a festa, in blu, in nero, senza
cappotti, malgrado il freddo invernale,
vengono e se ne vanno gruppi di giovinotelli,
coi ciuffi, o le nuche placidamente tosate,
la purezza delle antiche generazioni nei calzoni stirati.
Vengono e se ne vanno, poetiche, anonime forme
di gioventù.
Sono spuntate le stelle, grosse come noci.
E la luna, candida e cattiva, che soffia
la sua anima grande come il mondo
su quel piccolo prato, con crudeltà inaudita
sbiancando sui colli Albani
fin l'ultima ombra di roccia, l'ultima casupola,
e tutte le borgate scintillanti di luce,
che si stendono ai loro piedi, sotto Frascati.

Su quel prato, pende un'altra nube [simmetrica alla
precedente]. Isola nera, essa, gonfia di montagne, di
mammelle, sacco di pannocchie buie, di barbabietole di un
color scarlatto spalmato di catrame, con intorno la bava
della marea, lattea (ecc. ecc., c.s.). Tutto bianco intorno,
per via di quell'orrida, sublime luna. Solo essa nera, in
mezzo...

Frammento di un pezzo di cielo,
in un mondo concluso, rigorosamente composto,
di luci, di stelle e luna, e il nero della nuvola,

tout pelé, avec de douces ondulations, un petit
désert, avec une rangée de pylônes, une centrale
électrique, au fond, avec des globes de lumière étince-
lante et morte :
sous un pylône sans lumière,
au milieu du pré,
il y a une prostituée qui attend, dans la boue gelée,
avec son paletot orange, ses souliers sales, son sac.
Vêtus de leur mieux, en bleu, en noir, sans
manteau, malgré la froidure hivernale,
des groupes d'adolescents font les cent pas,
ébouriffés, ou bien la nuque paisiblement tondue,
l'innocence des vieilles générations dans leurs pan-
talons bien repassés.
Ils font les cent pas, poétiques, anonymes formes
de jeunesse.
Les étoiles sont apparues, grosses comme des noix.
Et la lune, blanche et mauvaise, qui souffle
son âme vaste comme le monde
sur ce petit pré, avec une cruauté inouïe,
fait blêmir sur les cols Albains
la plus légère ombre de roche, la plus humble masure,
et tous les bourgs scintillants de lumière
qui s'étendent à leurs pieds, au-dessous de Frascati.

Au-dessus de ce pré est suspendue une autre nue
[symétrique de la première]. Une île noire, cette fois,
gonflée de montagnes, de mamelles, sac de sombres épis de
maïs, de betteraves de couleur écarlate calfatées de
goudron, tandis que tout autour bave la marée, laiteuse
(etc. etc., c.s.). Tout est blanc alentour, sous l'effet de la
lune, horrible et sublime. Elle seule noire, au milieu...

Fragment d'un pan de ciel,
en un monde clos, rigoureusement composé,
de lumières, d'étoiles, de lune, et le noir de la nue,

come, il mondo, non fosse che un cumulo
di scintillanti frantumi, di casuali rifiuti,
spazzati da un cataclisma, e ora in pace riversi,
tra gli spazi celesti, e queste distese di borghi
alla periferia di Roma, sotto le luci di Frascati.

Lì, su quella nube nera   di un temporale che non
c'è,   sospesi, abbracciati, rantolanti,   lottiamo per
la suprema meta della vita (!).

« Io non devo morire! Non me la fai,   Verso più
crudele di ogni più crudele   luce di luna o di sole, fatali
perchè esistenti!   Cio che ho saputo, ho saputo? Certo :
e lo so.   E chi lo sa lo saprà.   La testa storica
partorisce storia.   Ah, ah, nelle Officine   della Fine
del Secondo Millennio,   non lottai, io, per la ragione? »

Poi mi depone.
Se ne va, leccandosi le penne,
con la calma di chi sa quello che fa.
Mi depone in fondo alla Tuscolana, nel prato.
Mi trovo, a un tratto, fra due imberbi
Guardie di Finanza, quattro o cinque amici
appena usciti da un cinema,
che vagano nel fango e nel gelo,
coi loro vestiti blu, leggeri, e il gonfiore
sotto la fila dei bottoni sacri, come un umile miracolo,
sventati, dolcemente allegri.

Sopra il Sahara, ricomincia.

Luogo ideale per la nostra solitudine :   un confessio-
nale fatto di un cielo che si apre   per non finire

comme si ce n'était, ce monde, qu'un amas
d'accidentels débris, d'étincelants éclats,
balayés par un cataclysme, et maintenant déversés dans
la paix
des espaces célestes, et de ces étendues de bourgs
à la périphérie de Rome, sous les lumières de Frascati.

Là, sur cette nuée noire   d'un orage qui ne sévit
pas   suspendus, enlacés, râlants,   nous luttons
pour le but suprême de la vie (!).

« Je ne dois point mourir! Tu ne m'y prendras
pas,   Vers plus cruel que le plus cruel   éclat de
soleil ou de lune, nécessaires puisqu'ils existent!   Je
sais ce que je sais? Bien sûr : et je le sais.   Et si je le
sais, je le saurai.   Une tête historique engendre de
l'histoire.   Ah, ah, dans les Officines   de la Fin du
Second Millénaire,   n'ai-je pas lutté, moi, pour la
raison? »

Puis elle me dépose.
Elle s'en va, en se lissant les plumes,
tranquille, sachant bien ce qu'elle fait.
Elle me dépose au fond de la Tusculane, dans le pré.
Me voici, tout à coup, entre deux douaniers
imberbes, quatre ou cinq amis
qui viennent de sortir d'un cinéma,
et rôdent, dans le gel et dans la boue,
avec leurs légers vêtements bleus, et ce renflement
sous la file des boutons sacrés, comme un humble
miracle,
insouciants, pleins de douce allégresse.

Au-dessus du Sahara, ça recommence.

Lieu idéal pour notre solitude :   un confessionnal
fait d'un ciel qui s'ouvre   à n'en plus finir.   Je

*più.   Riacquisto tutti i miei europeismi, e italofono
imperterrito, qui proprio no!, penso,   o Dio, Dio, con
tutta la vivacità della creatura pellegrina :   un fuoco
laggiù! Un fuoco? Nomadi?   O non sarà un'esplosione
atomica?*

Quassù non c'è nube, ma, ultimo nel cosmo, il vento.

*In fondo all'Algeria, prima del Mali, lontano,
ancora impensabilmente lontano, dal Golfo della Gui-
    nea...
E non è laggiù quella terra d'infinito, tranquillo,
    straziante
deserto che si chiama Kordofan, e cinge
lande color leone col verde dei manghi,
dove abita il mio amico Denka che si veste a festa
nudo come i nonni o i vermi, con un filino di perle?*

*So tutto mio verso, vuoi,   facendoti vivo nel vento
che leviga il cosmo, sentire la lezione... (« italofona », sì, e
« piena di non cosmopoliti europeismi » : ironia, sul
melodramma — caduta di ogni speranza di comprensione
presso i destinatari di letteratura, che, per fenomeno
contraddittorio, assume una forma di recitativo melodram-
matico, in una levigatezza linguistica generica, da « tradu-
zione » — con sopra appunto l'allegria del suicidio, per
una cerchia specializzata di destinatari — la gratuità di
chi non ha più nulla da perdere, dopo averne avuto tanto
— un disoccupato linguistico)*

  *« Come un profeta del Seicento
  un'alternativa di libidine
  e di santità, di servilismo
  e di rifiuto radicale! Il Barocco
  ridiscende a dare irrealtà agli uomini :
  e la sola realtà è la solitudine. »*

reprends possession de tous mes européismes, et, italo-
phone convaincu, non, pas ici!, me dis-je mon Dieu,
mon Dieu, avec toute la brusquerie d'une créature
errante : un feu en bas! un feu? Des nomades?
 Ou bien peu-être une explosion atomique?

Là-haut il n'y a pas de nue, mais, seul dans le cosmos,
 le vent.

Au fond de l'Algérie, avant le Mali, encore loin,
incroyablement loin du golfe de Guinée...
Et n'est-ce pas là-bas cette terre infinie, ce calme, ce
 déchirant
désert, du nom de Kordofan, et qui ceint
des landes couleur de lion du vert des manguiers,
là où vit mon ami Denka, en habit de fête,
nu comme un vieux ou comme un ver, avec un rang de
 perles?

Je sais tout, toi, mon vers, veux-tu, bravant ce vent
qui polit le cosmos, écouter la leçon... (« italophone », oui,
et « pleine d'européismes non cosmopolites » : ironie, sur
le mélodrame — perte de toute espérance de compréhen-
sion auprès des destinataires de la littérature, qui, par un
phénomène contradictoire, revêt la forme d'un récitatif
mélodramatique, sous une polissure linguistique géné-
rale, de « traduction » — avec justement par-dessus
l'allégresse du suicide, pour un groupe restreint de
destinataires — la gratuité de qui n'a plus rien à perdre,
après avoir tant risqué — un linguiste en chômage)

« Tel un prophète du Dix-Septième,
une alternative de luxure
et de sainteté, de bassesse
et de refus radical! Le Baroque
revient conférer son irréalité aux hommes :
il n'est d'autre réalité que la solitude. »

(Passano sotto foreste — lungo l'Oceano — capanne...)

« *Finito un ciclo di rapporti ideali, una storia,*
è così che sempre si difende un'anima :
facendo gloria della propria sconfitta. »

« *Ma per un'anima bisogna avere la pietà*
che si ha per un bambino, un animale,
una creatura che si aggira sola
per la terra. Non si condanni un'anima
se compie queste piccole mistificazioni
grandi come tutta la storia dell'uomo!
È per difendersi... Non sapete? Proprio
insieme al Barocco del Neo-Capitalismo
incomincia la Nuova Preistoria.
E le anime, povere innocenti,
obbediscono all'antico meccanismo :
si rifugiano dal mondo malvagio
in cima alle colonne degli stiliti,
e là compiono penose operazioni,
aggirando gli ostacoli, presentando
le proprie misere fughe come Ascesi,
le proprie paure come contemplazioni. »

« *Il meno innocente degli uomini non può*
dominare questi innocenti sotterfugi
dell'anima ch'è rimasta agli inizi del mondo,
e, credendosi libera come un cagnolino
dal suo padrone, cerca una ragione
per sopravvivere, alla fine del mondo. »

Lei lascia la stretta,
cado stranito, come una gallina

(On voit passer, au-dessous, des forêts — le long de
l'Océan — des cabanes...)

« Lorsque s'achève un cycle de rapports idéaux, une
    histoire,
c'est toujours ainsi que se défend l'âme :
en se glorifiant de sa propre défaite. »

« Mais pour une âme, il faut avoir autant de pitié
que pour un enfant, pour un animal,
une créature qui erre seule
à travers le monde. Ne faisons pas grief à l'âme
de se livrer à ces subtiles mystifications
qui ont la dimension de l'histoire de l'homme!
C'est qu'elle se défend... *Ne le savez-vous pas? C'est
    justement
avec le Baroque du Néo-capitalisme
que s'ouvre une Nouvelle Préhistoire.*
Et les âmes, pauvres naïves,
font alors ce qu'elles ont toujours fait :
elles fuient ce monde mauvais,
au sommet des colonnes des stylites,
pour y accomplir de pénibles opérations,
contournant les obstacles, présentant
leurs propres fuites, pitoyables, comme des Ascèses,
leurs propres craintes comme des contemplations. »

« Le moins innocent des hommes ne saurait
déjouer ces innocentes ruses
de l'âme qui en est restée au commencement du monde,
et qui, se croyant libre, comme un caniche
de son maître, se cherche une raison
de survivre, à la fin du monde. »

Elle relâche son étreinte,
je tombe, égaré, comme une poule,

che smette di strillare, e ricomincia a beccare,
in un'assurda, infuocata strada a Kano.
La scena rappresenta il mercato, tutto bianco e
     giallognolo,
con ricami rossi e verdi a mano : un mattino
eterno come tanti altri, e che loro,
quei soavi negri della Nigeria del Nord,
sanno così bene, che il loro esserci dentro
— con quegli occhi troppo belli per essere di uomini
e non di animali — non è
che una delle tante Apparizioni del mondo.

Ah, antichissima gioventù,   partorita sempre dalla
stessa madre   dagli occhi argentei di quadrupe-
de!   Inquietante tranquillità della miseria!   Matti-
no la cui eternità è uno svolazzare di stracci   bianchi,
infilati come camice di malati,   su corpi tenerelli, — e
le goccie d'acqua   degli occhi dei ragazzi meschini
come capretti,   perduti a mandrie in quel loro
medioevo di pace... Uno viene, tisico, col berrettino rosso e
nero — sul ciuffo dalla mollezza d'altra razza   e gli
occhi malarici, — beve prendendola con un mestolo — da
una secchia comune, dell'acqua pelosa, orribile,   —
beve in pace — l'essere ragazzo non ha futuro,   è
un'età o un sesso   — poi se ne va,   lungo il
ruscelletto secco della cloaca, tra le celle   di mota piene
come alveari dei vecchi   senza l'esperienza dei vecchi,
delle madri   senza l'autorità delle madri, spor-
che   come animali nei recinti.

Lei, si è ritirata a dormire : ricordo
che così dormono gli uccelletti che cacciano
i ragazzetti friulani, nei dopopranzi
in cui il Tagliamento è grande come un deserto,

qui cesse de piailler, et se remet à becqueter,
sur une absurde route de feu, à Kano.
La scène se déroule au marché, tout blanc, jaune pâle,
avec des broderies rouges et vertes à la main : un matin
éternel, comme tous les autres, mais que
ces doux nègres du Nigeria du Nord
connaissent si bien, que de s'y trouver
    — avec ces yeux trop beaux pour être des yeux
    d'hommes
et non d'animaux — n'est, pour eux,
que l'une des multiples Apparitions du monde.

Ah, très ancienne jeunesse,   engendrée toujours par
la même mère   aux yeux argentés de quadrupède!
    Inquiétante tranquillité de la misère!   Matin dont
l'éternité est faite d'un volettement de chiffons   blancs,
enfilés comme des chemises de malade,   sur des corps
tendrelets, — et les gouttes d'eau   des yeux des
enfants, tels de pauvres chevreaux,   perdus par trou-
peaux dans leur moyen âge de paix... L'un s'approche,
phtisique, avec son calot rouge et noir — sur ses mèches
qui ont la mollesse d'une autre race   et, les yeux pleins
de fièvre, — il boit en la puisant, à l'aide d'une louche —
à un seau commun, une eau velue, horrible,   — il boit
en paix — l'enfance ignore le futur,   c'est un âge ou
un sexe   — puis il s'en va,   le long du ruisselet sec
de l'égout, parmi les cellules   de boue, pleines, comme
des alvéoles, de vieillards   qui n'ont pas la sagesse des
vieillards, de mères   qui n'ont pas l'autorité des mères,
sales   comme des animaux dans leurs enclos.

    L'oiselle s'est retirée pour dormir : je me souviens
qu'ainsi dorment ces oiselets que chassent
les gamins du Frioul, après dîner,
lorsque le Tagliamento s'agrandit comme un désert,

e, tra le viti ferme come in sogno e i gelsi
che già profumano di seta, i campi di pannocchie
sono come branchi di leoni ruggenti.
Essi dormono, o covano sonno,
in qualche albero ch'è un sogno trovare,
e, intorno, i cespugli di more
nel biancore del sole delle due,
sembrano eterni, quando i ragazzi scalzi,
coi calzoncini leggeri,
nella solitudine in cui pendono i nidi,
magari mentre fischia il vecchio treno per Venezia —
sentono nel ventre i primi spasimi dell'amore,
e non sanno cos'è, con negli orecchi un frastuono...

Lei dorme, come uno di quegli uccelli
estivi e padani, che odiando il giorno,
se ne stanno appollaiati e gonfi a dormire.

La domanda di grazia o pietà ha ottenuto il rinvio.
Io giro per Kano, rientro all'albergo,
prendo il the, nella profonda estate del dicembre,
e il cuore è pieno di quell'antico frastuono
— le fitte della libidine al ventre,
che scolorano la faccia e succhiano il sangue,
come pianticine velenose che crescono nella mia razza —
tra i boys mollemente neri, nati
nei ventri di seta di erbivori ignari,
la cui esperienza della vita non ha origini, sospesa
in una savana, dopo altre savane, dopo altre savane

. . . .

et que, parmi les vignes immobiles, comme en un rêve,
    et les mûriers
qui déjà sentent bon la soie, le maïs, dans les champs,
évoque des troupeaux de lions rugissants.
Les oiseaux dorment, ou couvent leur sommeil,
sur un arbre, que l'on déniche, un rêve,
et, tout autour, les buissons de mûres,
dans la blancheur du soleil de deux heures,
ont l'air éternels, quand les gamins, pieds nus,
en petites culottes courtes,
dans la solitude où pendent les nids,
peut-être tandis que siffle le vieux train pour Venise —
sentent dans leur ventre les premiers déchirements de
    l'amour,
sans savoir ce qu'ils ont, avec dans les oreilles ce fracas...

L'oiselle dort, tout comme ces oiseaux
de l'été, et du Pô, qui, haïssant le jour,
se tiennent perchés, tout gonflés de sommeil.

La demande de grâce ou de pitié a obtenu le renvoi.
Je rôde dans Kano, je rentre à mon hôtel,
je prends le thé, dans la profondeur de l'été de décembre,
et j'ai le cœur plein de ce vieux fracas
— des élancements de désir au ventre,
qui me font pâlir et sucent mon sang,
comme de petites plantes vénéneuses qui croissent dans
    ma race —
parmi les boys à la mollesse noire, nés
dans le ventre de soie d'herbivores ignares,
dont l'expérience de la vie n'a pas de commencement,
    suspendue
dans une savane, après d'autres savanes, après d'autres
    savanes

. . . .

Ma il tempo scade.
Sono a novemila metri d'altezza,
nella notte che in un rossore di pesche, declina
oltre Aden, nella infinità dove giace Bombay,
un golfo supremo e povero del mondo. Sotto
di me, che mi batto come un Don Chisciotte di tre anni,
un Orlando Noioso, tirato dai miei bei fili,
appare, e persiste, la fisicità del deserto
sotto forma di un incalcolabile numero di monti,
spaventosi nello sfumare dall'ocra al rosa il loro rosso.

« Tutto ciò che ho saputo, per grazia
o per volontà, smetta di essere sapienza.
Essa non serve al ragazzo che si trova vecchio
a volare nei cieli del Sahara o dell'Arabia.
Io saprò. Storia è profezia,
dico follemente.
Non andrai a riposare —
a ripararti dalla maledetta luce del giorno —
uccelletto friulano, in boschine a me note,
tra gli alberi puri — il gelso, la vite, il pioppo,
il sambuco, con la sua fragilità di primavera...
E nemmeno, più, nelle foreste intorno alla città di Lagos,
nelle savane rosa del Sudan,
o nelle creste violette dei vulcani di Aden —
te ne andrai in un verso, vanificata
dalla profezia. E io nel mio ultimo cantuccio,
sotto il bel sole del mondo,
arabo o cristiano,
del Mediterraneo o dell'Oceano Indiano,
inadattato alla storia, inadattato a me,
mi adatterò alla terra futura,
quando la Società ritornerà Natura. »

Mais le temps suit son cours.
Me voici à neuf mille mètres d'altitude,
dans cette nuit d'une rougeur de pêche, qui s'abîme
au-delà d'Aden, dans l'infini où gît Bombay,
golfe suprême et misérable du monde. Au-dessous
de moi, qui m'escrime comme un don Quichotte de trois
    ans,
un Roland l'Ennuyeux, au bout de mes ficelles,
apparaît, et persiste, la présence physique du désert
sous forme d'une innombrable quantité de montagnes,
épouvantables quand elles nuancent de l'ocre au rose
    leur rougeur.

« Que tout ce que je sais, en vertu d'une grâce,
ou par ma volonté, cesse d'être savoir.
Qu'en ferait-il, l'enfant qui se voit, vieilli,
voler dans les cieux du Sahara ou de l'Arabie?
Je veux savoir. L'histoire est prophétie,
je parle comme un fou.
Tu n'iras pas te reposer —
te protéger de la maudite clarté du jour —
oiselet frioulan, en ces bosquets que je connais,
parmi les arbres purs — le mûrier, la vigne, le peuplier,
le sureau, avec sa fragilité printanière...
Et pas davantage dans les forêts autour de la ville de
    Lagos,
dans les savanes roses du Soudan,
ni sur les crêtes violettes des volcans d'Aden —
tu t'en iras en un vers, anéantie
par la prophétie. Et moi, en mon dernier recoin,
au beau soleil du monde,
arabe ou chrétien,
de la Méditerranée ou de l'océan Indien,
inadapté à l'histoire, inadapté à moi
je m'adapterai à la terre future,
lorsque la Société redeviendra Nature. »

E lassù, dove nessuno ci sente e ci vede,   come
adempissi a un bisogno del corpo,   salvo l'innocenza
della vita,   tradendo euforicamente mille mie ombre
*   seminate nei cantucci del mondo, solo   nell'abomi-*
nio della desolazione.

Mi lascia ancora una volta, felice   come Socrate
dopo essersi grattato la caviglia.   Se ne va nei suoi
presepi,   tra le lunghe nuvole rosa e l'aria di
neve   azzurrina,   lassù nella Keltikè moralista.

(Continuare ossessive iterazioni visionarie, il reportage
interpolato anaforicamente al motivo dell'abiura ecc. ....
Ogni flamboyant è un tempietto   con la sua colonna e
la sua piccola volta ecc.   color verde smeraldo e le
ghirlande di un rosso arancione ecc. [I fiori rossi, fitti, ora,
come furono le foglie : e il loro rosso è un rosso di
cornioli,   colore di bandiera più che di fiore.]
Una folla di tempietti tra le baracche di calce della
prigione... Il ROSSO, *il* VERDE, *e il bianco, di un*
paradiso dove tutto è morto — a nove miglia da
Mombasa.   Qui, vivono tanti giovani; alcuni, prigio-
nieri, tra le lingue di fiamma, secca, delle acacie,   coi
dolci visi neri,   pieni dello stesso riso dolce, di corniò-
lo,   dei fiori; giovani fatti di afa, di seta,   colpevoli
di chissà che delitti, uccisori di Somali, o   ladri di
bestiame Ghiriama; altri, insaccati in eleganti   vesti di
soldati, col loro sorriso di fratelli giovani,   o di miti
sgualdrine, li guardano, i fucili   neri o rossicci molle-
mente imbracciati, nella   luce dell'oceano sprofondato
dietro le lingue rosse delle acacie del Kenia...)

Et là-haut, où nul ne nous voit, nul ne nous
entend,   comme pour satisfaire un besoin de mon
corps,   je sauve l'innocence de ma vie,   trahissant
euphoriquement mille de mes ombres   dispersées dans
tous les coins du monde, seul   dans une abominable
désolation.

Elle me quitte de nouveau, heureuse   comme Socra-
te après s'être gratté la cheville.   Elle va rejoindre ses
crèches,   parmi les longs nuages roses et l'air de
neige   bleutée,   là-haut, dans la Keltikè moraliste.

(Poursuivre d'obsédantes répétitions visionnaires, le
reportage s'interpolant anaphoriquement au thème de
l'abjuration etc.   Chaque flamboyant est un petit
temple   avec sa colonne et sa petite voûte etc.   cou-
leur vert émeraude et les guirlandes d'un rouge orangé,
etc. [Les fleurs rouges, drues, maintenant, comme autrefois
les feuilles : et leur rouge est un rouge de cornouil-
lers,   couleur de drapeau bien plus que de
fleur.]   Une foule de petits temples parmi les baraques
de chaux de la prison... Le R O U G E , le V E R T , et le
blanc, d'un paradis où tout est mort — à neuf miles de
Mombasa.   Partout, ici, vivent des jeunes gens; cer-
tains, prisonniers, parmi les langues de flamme sèche, des
acacias,   leur doux visage noir   empreint de ce
doux rire, de cornouiller,   qu'ont les fleurs; des jeunes
gens faits de touffeur, de soie,   coupables de je ne sais
quel délit, tueurs de Somalis, ou   voleurs de bétail
Ghiriama; d'autres, sanglés dans d'élégants   vête-
ments de soldats, souriant comme de jeunes frères   ou
de douces filles de joie, les regardent, fusils   rouges ou
noirâtres mollement pointés, dans la   lumière de
l'océan abîmé derrière les langues rouges des acacias du
Kenya...)

E...
aaaah, adesso urlo, dentro la mia macchina
che sa di cicche, la vecchia Giulietta,
nata sotto il lucore della cattiva stella
(e che infatti cammina lungo le cattive strade italiane)...
SE LA CHIESA DI DIO È UNA CASA CHIUSA
    DAL DI DENTRO
E LUI SOLO HA LE CHIAVI, ANCH'IO
SONO VISSUTO IN UNA CASA CHIUSA
    DALL'INTERNO:
LA CASA DELLA RAGIONE SORELLA
    DELLA PIETÀ. *Ho aperto*
la porta, e ne sono uscito... Lì davanti ora c'è quella
maledetta casa di Dio chiusa dal di dentro,
a darmi uno sgradevole senso di nausea,
e, dietro, la noiosa Storia in cui potrei rientrare.
E invece, senza dimora — aaaaah, adeso urlo,
    AAAAAAAH...
Solo, dentro l'odore di sozze cicche della Giulietta,
per queste strade nazionali della Cattività.

Poi, poichè in Italia tutto è a mezzo,
eccoci qui che lottiamo a mezz'aria,
nella vallata del Chiascio e del Pescio.
All'altezza del Portico della Chiesa Superiore,
con un vento famigliare e nemico
che scende giù dalla pianura padana...
Stracciato lino sui resti eterni dell'estate,
o ruggine fecondità sotto le irremovibili
nevi del Trecento, laggiù la pace ha giganteschi pettini
di solchi, per il rado pelame dell'Appennino.

Et...
aaaah, maintenant je hurle, dans ma voiture
qui sent le mégot, la vieille Giulietta,
née sous le signe d'une mauvaise étoile
(et qui roule en effet le long des mauvaises routes
    italiennes)...
SI L'ÉGLISE DE DIEU EST UNE MAISON
    FERMÉE DU DEDANS
ET S'IL EN DÉTIENT SEUL LES CLÉS, J'AI
    MOI AUSSI
VÉCU DANS UNE MAISON FERMÉE DU
    DEDANS:
CELLE DE LA RAISON, SŒUR DE LA
    PIÉTÉ. J'ai ouvert
la porte, et j'en suis sorti... Il y a maintenant devant moi
    cette
maudite maison de Dieu fermée du dedans,
qui me donne un pénible sentiment de nausée,
et, derrière, l'ennuyeuse Histoire, dans laquelle je
    pourrais rentrer
Alors que, sans demeure — aaaaah, maintenant je hurle,
    AAAAAAAH...
Seul, dans la suffocante odeur de mégot de la Giulietta,
au long des routes nationales de la Captivité..

Puis, comme en Italie tout se fait à moitié,
voici que nous luttons à mi-hauteur,
dans la vallée du Chiascio et du Pescio.
Au niveau du Portique de l'Église Supérieure,
sous un vent hostile et familier
qui dévale le long de la vallée du Pô...
Lin déchiré sur les restes d'un éternel été,
ou bien fécondité rouillée sous les immuables
neiges du Trecento, la paix plonge là-bas de gigantesques
    peignes
de sillons, dans le pelage clairsemé des Apennins.

« *Ho dimenticato la ragione — il patto*
con Dio — grido nell'aria invernale,
lottando come un vecchio cavallo portato al macello —
E amo la morte dei morti, quella che laggiù
nello sconsolato Appennino,
testimonia il sopravvissuto cippo divisorio di proprietà!
barocco! ottagonale! con le scritte su pergamena
di marmo arrotolato come orecchie a sventola!
L'uomo non potrà mai adattarsi alla Società. »

Da Foligno o Perugia giunge per la sonorità della neve,
un suono di campane, con lai di motorette
in accorate officine,
aperte su valli, su strade in curve deserte,
o strade secondarie di terra, che vanno
verso paesetti agghiacciati, nel colorino marrone
delle caserme, delle centrali elettriche...

Grido nell'aria di chiesa:
« *Amo anche la morte di Giotto,*
che non mi piace più, laggiù, in quella triste navata,
piccola come una navicella pirata,
pittore con la testa corta come l'Umbria!
Potrei anche dare una mano di calce
su quei memorabili affreschi pieni di devoti
che fanno i devoti, col santo marroncino, slavato
che contro colate di blu di prussia,
fa il santo: Dissociazione senza più Allusione,
CHE LA MORTE DEI VIVI VUOLE LA
MORTE DEI MORTI. »

. . . .
Sull'autostrada tra Bologna e Milano, ecco, poi,
essa mi manda sul parabrezza mille moscerini,
ognuno un piccolo mostro
a raccontare come un araldo i fatti della sera

« J'ai oublié la raison — le pacte
avec Dieu — je le crie dans l'air hivernal,
luttant comme un vieux cheval que l'on traîne à l'abattoir —
Et j'aime la mort des morts, celle dont là-bas,
dans les Apennins désolés
témoigne le cippe survivant qui divise les propriétés!
baroque! octogonal! avec les inscriptions sur parchemin
de marbre roulé comme des oreilles en éventail!
L'homme jamais ne saura se plier à la Société. »

De Foligno ou de Pérouse arrive, répercuté par la neige,
un son de cloches, avec la faible plainte des moteurs,
en de tristes ateliers,
ouverts sur des vallées, de sinueuses routes désertes,
ou de petits chemins de terre, qui s'en vont
vers des hameaux transis, dans la couleur marron clair
des casernes, des centrales électriques...

Je crie dans l'air d'église :
« J'aime jusqu'à la mort de Giotto,
qui ne me touche plus, là-bas, en cette triste nef
étroite comme une nacelle pirate,
peintre à la tête bornée comme l'Ombrie!
Je pourrais même passer une poignée de chaux
sur ces mémorables fresques pleines de dévots
qui font les dévots, avec le saint marron clair, délavé,
se détachant sur des coulées de bleu de prusse,
qui fait le saint : Dissociation sans plus d'Allusion,
CAR LA MORT DES VIVANTS REQUIERT
    LA MORT DES MORTS. »

. . . .
Sur l'autoroute, entre Bologne et Milan, voici qu'ensuite
elle envoie sur mon pare-brise mille moucherons,
et chacun est un petit monstre
qui rapporte, tel un héraut, les hauts faits du soir

che scende sulle cascine, nei verdi-sublimi
spazi pallidi ancora di sole contro le Alpi.
« È il gelo — mi dice con un filo di sangue, morendo,
l'araldo, con la pronuncia di un amanuense,
perduto dopo la morte, dopo la morte —
è il gelo delle regioni del Po,
che tu sai, ma non vuoi più sapere. »

Grido, nel cielo dove visse mia madre :
« *Con incorreggibile ingenuità*
— nell'età che dovrebbe essere quella di un uomo —
oppongo l'arbitrio alla dignità
(che, del resto, non è ciò che interessa ai figli).
E, per un po' di scienza della storia che mi dà esperienza
di quanto sia grande la tragedia di una storia che finisce,
mi prendo tutta l'innocenza della vita futura! »

Grido, nel cielo dove dondolò la mia culla :
«NESSUNO DEI PROBLEMI DEGLI ANNI
   CINQUANTA
MI IMPORTA PIÙ! TRADISCO I LIVIDI
MORALISTI CHE HANNO FATTO DEL
   SOCIALISMO UN CATTOLICESIMO
UGUALMENTE NOIOSO! AH, AH, LA PRO-
   VINCIA IMPEGNATA!
AH, AH, LA GARA A ESSERE UNO PIÙ
   POETA RAZIONALE DELL'ALTRO!
LA DROGA, PER PROFESSORI POVERI,
   DELL'IDEOLOGIA!
ABIURO DAL RIDICOLO DECEN-
NIO!»

qui descend sur les fermes, dans les espaces
verts-sublimes, pâles encore de soleil, contre les Alpes.
« C'est le gel — me dit en mourant, d'un fil de sang,
le héraut, avec l'intonation d'un copiste,
perdu après la mort, après la mort —
c'est le gel des régions du Pô,
que tu connais, et choisis d'ignorer. »

Je crie, en ce ciel où habita ma mère :
« Avec une incorrigible naïveté
— à l'âge où l'on devrait pourtant être un homme —
j'oppose l'arbitraire à la dignité
(qui, d'ailleurs, a cessé d'intéresser nos fils).
Et, contre un peu de science de l'histoire, qui me fait
    connaître
l'étendue de la tragédie d'une histoire qui s'achève,
je m'adjuge toute l'innocence de la vie future! »

Je crie, en ce ciel où se balança mon berceau :
« AUCUN DES PROBLÈMES DES ANNÉES
    CINQUANTE
NE M'INTÉRESSE PLUS! JE TRAHIS LES
    BLÊMES
MORALISTES QUI ONT FAIT DU SOCIA-
    LISME UN CATHOLICISME
TOUT AUSSI ENNUYEUX! AH, AH, L'EN-
    GAGEMENT PROVINCIAL:
AH, AH, LES POÈTES QUI RIVALISENT DE
    RATIONALISME!
LA   DROGUE,   POUR   PROFESSEURS
    PAUVRES, DE L'IDÉOLOGIE!
J'ABJURE CES DIX ANNÉES
    RIDICULES! »

Una disperata vitalità

Come in un film di Godard : solo
in una macchina che corre per le autostrade
del Neo-capitalismo latino — di ritorno dall'areoporto —
[là è rimasto Moravia, puro fra le sue valige]
   solo, « pilotando la sua Alfa Romeo »
      in un sole irriferibile in rime
      non elegiache, perchè celestiale
      — il più bel sole dell'anno —
come in un film di Godard :
      sotto quel sole che si svenava immobile
      unico,
   il canale del porto di Fiumicino
   — una barca a motore che rientrava inosservata
   — i marinai napoletani coperti di cenci di lana
   — un incidente stradale, con poca folla intorno...

— come in un film di Godard — riscoperta
del romanticismo in sede
di neocapitalistico cinismo, e crudeltà —
al volante
per la strada di Fiumicino,
ed ecco il castello (che dolce
mistero, per lo sceneggiatore francese,

Une vitalité désespérée

Comme dans un film de Godard : seul
dans une voiture qui file sur les autoroutes
du Néo-capitalisme latin — de retour de l'aéroport —
[où j'ai laissé Moravia, pur parmi ses valises]
    seul, « au volant de son Alfa Romeo »
       sous un soleil indicible en rimes
         qui ne soient élégiaques, parce que d'ordre céleste
         — le plus beau soleil de l'année —
comme dans un film de Godard :
       sous ce soleil qui saignait immobile
       unique,
    le canal du port de Fiumicino
    — un canot à moteur qui rentrait sans témoins
    — les pêcheurs napolitains couverts de haillons de laine
    — un accident de voiture, avec une maigre foule
    autour...

⌐ comme dans un film de Godard — redécouverte
du romantisme au cœur
du cynisme néo-capitaliste, et cruauté —
au volant
le long de la route de Fiumicino,
et voici le château (quel doux
mystère, pour le metteur en scène français,

nel turbato sole senza fine, secolare,
questo bestione papalino, coi suoi merli,
sulle siepi e i filari della brutta campagna
dei contadini servi)...

— sono come un gatto bruciato vivo,
pestato dal copertone di un autotreno,
impiccato da ragazzi a un fico,

ma ancora almeno con sei
delle sue sette vite,
come un serpe ridotto a poltiglia di sangue
un'anguilla mezza mangiata

— le guance cave sotto gli occhi abbattuti,
i capelli orrendamente diradati sul cranio
le braccia dimagrite come quelle di un bambino
— un gatto che non crepa, Belmondo
che « al volante della sua Alfa Romeo »
nella logica del montaggio narcisistico
si stacca dal tempo, e v'inserisce
Se stesso :
in immagini che nulla hanno a che fare
con la noia delle ore in fila...
col lento risplendere a morte del pomeriggio...

La morte non è
nel non poter comunicare
ma nel non poter più essere compresi.

E questo bestione papalino, non privo
di grazia — il ricordo
delle rustiche concessioni padronali,
innocenti, in fondo, com'erano innocenti
le rassegnazioni dei servi —

sous ce soleil troublé, séculaire, sans fin,
que cette grosse bête pontificale, avec ses créneaux,
au-dessus des haies et des lignes d'arbres de la maussade
   campagne
des serfs paysans)...

— je suis comme un chat brûlé vif,
écrasé sous les roues d'un gros camion,
pendu par des gamins à un figuier,

mais avec encore au moins six
des sept vies qu'il possède,
comme un serpent réduit en bouillie de sang,
une anguille à moitié mangée

— les joues creuses sous les yeux battus,
les cheveux horriblement clairsemés sur le crâne
les bras amaigris comme ceux d'un enfant
— un chat qui ne veut pas crever, Belmondo
qui « au volant de son Alfa Romeo »
dans la logique du montage narcissique
se détache du temps, pour mieux s'y insérer
Lui-même :
sur des images qui n'ont rien à voir
avec l'ennui des heures à la file...
avec la lente splendeur à en mourir de l'après-midi...

La mort, ce n'est pas
de ne pas pouvoir se comprendre
mais de ne plus pouvoir être compris

Et cette grosse bête pontificale, non dépourvue
de grâce — le souvenir
des concessions des propriétaires terriens,
innocentes, au fond, comme était innocente
la résignation des serfs —

nel sole che fu,
nei secoli,
per migliaia di meriggi,
qui, il solo ospite,

questo bestione papalino, merlato
accucciato tra pioppeti di maremma,
campi di cocomeri, argini,

questo bestione papalino blindato
da contrafforti del dolce color arancio
di Roma, screpolati
come costruzioni di etruschi o romani,

sta per non poter più essere compreso.

sous ce soleil qui fut
au long des siècles
en des midis par milliers,
ici, l'hôte unique,

cette grosse bête pontificale, crénelée,
vautrée parmi les fins peupliers de la maremme,
les champs de pastèques, les digues,

cette grosse bête pontificale, blindée
par les contreforts à la douce couleur orange
de Rome, lézardés
comme constructions étrusques ou romaines,

est sur le point de ne plus pouvoir être comprise.

Nous n'avons traduit ici que la première séquence de ce poème, qui en comporte neuf. *(N.d.T.)*

Nuova poesia in forma di rosa

Fossi vissuta
quieta come una bestia,
ma avessi consegnata quella lettera
che m'era stata affidata!

B. Brecht : Santa Giovanna dei Macelli.

Cosa fate?
Io scrivo di nuovo
una poesia in forma di rosa (3
settembre 1963), buoni dispersi d'Eridania!
Tutti emigrati, come rondini, che lasciano le piazze vuote. Quindi si pone
il problema del nostro silenzio. Da Bagutta Ferrata ha uno
strano sorriso distratto, di matto che guarda altro matto,
solo perchè non esce più da alcuni anni il Magone
cantato in combutta a Bologna, PER AMORE,
PER PURO AMORE, ecc. ecc. L'Italia
va benissimo senza di noi,
ma noi, cosa facciamo
nel mondo nero?

Nouvelle poésie en forme de rose

Ah, que n'ai-je vécu
tranquille comme une bête
mais que n'ai-je du moins transmis la lettre
que l'on m'avait confiée!

B. Brecht : *Sainte Jeanne des Abattoirs.*

Que faites-vous?
Moi, j'écris de nouveau
une poésie en forme de rose (3
septembre 1963), bons disparus d'Éridanie!
Tous émigrés, telles des hirondelles, laissant les places vides. Alors se pose
le problème de notre silence. Au Bagutta, Ferrata arbore
un étrange sourire distrait, de fou qui regarde un autre fou,
simplement parce que ne paraît plus depuis des années le Magone
célébré en chœur à Bologne, PAR AMOUR,
PAR PUR AMOUR, etc., etc. L'Italie
se passe fort bien de nous,
mais nous, que faisons-nous
en ce monde noir?

Nel secondo
petalo adoroso si contempla
LEONETTI... che urlando ara vos prec
dà versi al Verri (mentre Verre in Lombardia...)
(Ravenna... Cesena... Grandi speranze con Einaudi, e, dal confino,
quasi piccolo Mossadeq, cova un sogno, in cui De Gaulle è Re, una cerchia
d'Esse Esse stilcritiche gli gnomi, e il Nulla noi, i suoi più cari amici ecc...
Conclude il sogno : bene. Rimette i peccati ai peccatori, bene.
Da redattore rifatto formica, riprende i rapidi per Milano,
per Roma, Einaudi, Garzanti, Romanò che dice addio
alla Televisione, e apre un futuro di Collane...)
Ma la formica laboriosa ha il buco
dove se ne sta sola, e canta
come la cicala. Questa la
sua vita, ma è vita
sua, nera.

Dans le second
pétale odorant on contemple
LEONETTI... qui, hurlant ara vos prec
remet des vers au Verri (tandis que Verrès en Lombardie...)
(Ravenne... Césène... Grands projets avec Einaudi, et, de la frontière
tel un petit Mossadegh, il couve un rêve, où De Gaulle est roi, un cordon
de SS critiques stylistiques les gnomes, et nous le Néant, ses meilleurs amis, etc...
Il met un point final à son rêve : bien. Il remet aux pêcheurs leurs péchés : bien.
De rédacteur redevenu fourmi, il reprend le rapide pour Milan,
pour Rome, Einaudi, Garzanti, Romanò, qui dit adieu
à la Télévision, pour créer de nouveaux Recueils...)
Mais la fourmi laborieuse a son trou,
elle y vit seule, et chante
tout comme la cigale. Telle est
sa vie, mais c'est la
sienne, noire.

*Nel terzo
petalo adoroso si contempla
ROVERSI, come un monaco di clausura
diventato pazzo, che cerca una clausura nella
clausura, per rifare di nuovo il cammino già fatto,
senza notizie biografiche, cicala nel sole della tomba,
a trasformare livore in malinconia — comunque
quella è la sua vita, e della sua vita
i suoi versi sono testimoni
che hanno senso in con-
testi di dolore
nero.*

Dans le troisième
pétale odorant on contemple
ROVERSI, tel un moine dans un cloître
devenu fou, qui cherche un cloître dans le
cloître, pour suivre de nouveau un chemin déjà suivi,
sans indications biographiques, cigale au soleil de la tombe,
changeant le fiel en mélancolie — en tout cas
telle est sa vie, et cette vie
ses vers en sont le témoignage
qui n'ont de sens qu'en des con-
textes de noire
douleur.

Nel quarto
petalo odoroso si contempla
FORTINI, ammutolito dal verificarsi
delle sue profezie, gettato nel magma dal-
l'ordine morale preveduto da lui, ma non così, non così...
E formica-cicala anche lui leggerà forse nuovi testi per nuove
profezie, per nuove ragioni di dannazione, e non mi stuperei se Mao
contato da ignoti gessi nei cessi di Porta Romana,
trovasse ospitalità in un cuore così non romano,
e l'Ermetismo si trapiantasse a Pechino
in un prodotto per oggi pu-
ramente supposto in cuore
a tanto nero.

Dans le quatrième
pétale odorant on contemple
FORTINI, que rend muet la réalisation
de ses prophéties, jeté dans le chaos par
cet ordre moral qu'il avait prévu, mais non ainsi, non ainsi...
Et fourmi-cigale à son tour peut-être lira-t-il de nouveaux textes pour de nouvelles
prophéties, pour de nouveaux motifs de damnation, et je ne serais pas surpris si Mao
célébré par d'anonymes inscriptions dans les pissotières de Porta Romana
trouvait hospitalité en un cœur si peu romain
et si l'Hermétisme se transplantait à Pékin
en un produit qui aujourd'hui n'est
que pure hypothèse au cœur
de tout ce noir.

In uno
dei più interni
petali, poi, si contempla
MORAVIA, *che va a cercare in certi*
litorali di Sicilia — con geranei supremi
divorati dalla storia, da rossi fatti arancione,
a riempire di quell'unica scoloria violenza un'intera regione —
l'incertezza funeraria e ellenistica ch'egli caccia dalla sua vita,
ma di cui non può far senza, e s'interessa come un ragazzo strano
davanti ai paesaggi degli archeologi tedeschi morti anche loro :
e non vuole, non vuole operare la congiunzione
tra il suo spirito e il suo sgomento, ci
lascia soli a dibatterci in questi
spregevoli problemi letterari
vecchi come il cucco, mentre
egli costruisce la sua vita
perfetta come di chi sa,
sempre, essere fuori
dal nero.

Dans l'un
des pétales les plus
secrets, on contemple ensuite
MORAVIA, qui s'en va chercher sur certains
rivages de Sicile — avec des géraniums suprêmes
dévorés par l'histoire, non plus rouges, mais orangés,
qui emplissent de cette unique violence décolorée une région entière —
l'incertitude funéraire et hellénistique qu'il chasse de sa vie
mais dont il ne peut se passer, et il rêve comme un enfant étrange
devant les paysages des archéologues allemands, morts eux aussi :
et il ne veut pas, il ne veut pas faire la jonction
entre son esprit et son désarroi, il
nous laisse nous débattre seuls en ces
désagréables problèmes littéraires
vieux comme le déluge, tandis
qu'il construit sa vie
parfaite, en homme qui sait,
toujours, être en dehors
du noir.

Quanto a me
ho lasciato il mio posto
di soldato non assoldato, di non voluto
volontario : il cinema, i viaggi, la vergogna...
Lo sapevo, lo sapevo già nel sogno : ma svegliandomi
mi son trovato ai margini. Altri protagonisti sono entrati,
non volontari essi!, e, partite le rondini, son loro a calcare ora
il palcoscenico. L'Eva cacciata si lamenta sul riso dell'Eve Nove; ma
ciò cosa conta? Il vero dolore è capire una realtà : questo mio essere
di nuovo nel '63 ciò che fui nel '43 — ragazzo piangente, apprendista
volonteroso : coi capelli che cadono, e si fanno grigi! L'espulsione
da sè del mondo, di me, suo corpo estraneo, è avvenuta nei modi
storici del neocapitalismo : ogni uomo ha un'epoca sola
nella vita, e si scrosta con i suoi problemi.
Non sono autorizzato a sapere la nuova
Italia che è nata come se dieci anni
fossero un anno solo : lei già
nel '64, io nel '54 con tutti
i marxisti come me, com-
promessi nelle passio-
ni dei vecchi
corsi.

Quant à moi
j'ai abandonné mon poste
de soldat sans solde, de volontaire
dont on ne voulait pas : le cinéma, les voyages, la honte...
Je le savais, je le savais déjà en rêve : mais au réveil
je me suis retrouvé en marge. D'autres protagonistes sont venus,
sans l'avoir voulu, et, envolées les hirondelles, ce sont eux maintenant qui foulent
la scène. L'Ève chassée se lamente du rire des Èves Nouvelles; mais
qu'est-ce que ça fait? La vraie douleur, c'est de comprendre ce qu'il en est : le fait d'être
derechef en 63 le même qu'en 43 — enfant en pleurs, apprenti
courageux : avec ces cheveux qui tombent, et se font gris! Si le monde
m'a rejeté de lui, tel un corps étranger, cela s'est fait selon les règles
historiques du néo-capitalisme : tout homme fait son temps
dans la vie, et s'effrite avec ses problèmes.
Il ne m'est pas donné de connaître la nouvelle
Italie née en ces dix années qui semblent
n'en être qu'une seule : elle déjà
en 64, et moi en 54, et tous
les marxistes, avec moi, com-
promis dans les pas-
sions des vieux
jours.

Chè
io, del Nuovo
Corso della Storia
— *di cui non so nulla* — *come*
un non addetto ai lavori, un
ritardatario lasciato fuori per sempre —
una sola cosa comprendo : che sta per morire
l'idea dell'uomo che compare nei grandi mattini
dell'Italia, o dell'India, assorto a un suo piccolo lavoro,
con un piccolo bue, o un cavallo innamorato di lui, a un piccolo
recinto, in un piccolo campo, perso nell'infinità di un greto o una valle,
a seminare, o arare, o cogliere nel brolo vicino alla casa
o alla capanna, i piccoli pomi rossi della stagione
tra il verde delle foglie fatto ormai ruggine,
in pace... L'idea dell'uomo... che in Friuli..
o ai Tropici... vecchio o ragazzo, obbedisce
a chi gli dice di rifare gli stessi gesti
nell'infinita prigione di grano o d'ulivi,
sotto il sole impuro, o divinamente vergine,
a ripetere a uno a uno gli atti del padre,
anzi, a ricreare il padre in terra,
in silenzio, o con un riso di timido
scetticismo o rinuncia a chi lo tenti,
perchè nel suo cuore non c'è posto
per altro sentimento
che la Religione.

Car

moi, en ce Nouveau

Cours de l'Histoire

— que je ne puis connaître — puisque

je n'y travaille pas, tel un

retardataire laissé de côté pour toujours —

je ne vois qu'une chose : que va bientôt mourir

l'idée de l'homme qui apparaît dans les glorieux matins

de l'Inde ou de l'Italie, tout entier à son humble travail,

avec un petit bœuf, ou un cheval qui l'aime bien, en un petit

enclos, dans un petit champ, perdu dans l'infini d'un rivage ou d'une vallée

qui sème, laboure ou cueille, dans le verger près de la maison

ou de la chaumière, les petits fruits rouges de la saison

parmi les vertes feuilles désormais couleur de rouille

en paix... L'idée de l'homme... qui dans le Frioul...

ou aux Tropiques... jeune ou vieux, obéit

quand on lui dit de refaire les mêmes gestes

dans l'infinie prison du blé, des oliviers,

sous le soleil impur, ou divinement vierge,

refaisant un à un les gestes de son père,

ou, mieux, recréant son père sur la terre,

en silence, ou avec un timide rire

de scepticisme, ou de renoncement, si on le tente,

parce que dans son cœur il n'y a pas de place

pour d'autre sentiment

que la **Religion**.

Piansi
a quell'immagine
che in anticipo sui secoli
vedevo scomparire dal nostro mondo,
ma non conoscendo i termini usati nella cerchia
eletta di quel mondo per esprimerne l'addio, adoperai
cursus del Vecchio Testamento, calchi neo-novecenteschi, e profetai
profetai una Nuova Preistoria — non meglio identificata — dove
una Classe diveniva Razza al tremendo humour di un Papa,
con Rivoluzioni in forma di croce, al comando
di Accattoni e Alì dagli Occhi Azzurri —
fino a questi imbarazzanti calligrammes
del mio « vile piagnisteo »
piccolo-borghese.

Je pleurai
à cette image
qu'en avance sur les siècles
je voyais s'effacer de notre monde,
mais ne connaissant pas les termes en cours dans le cercle
des élus de ce monde pour en exprimer l'adieu, j'adoptai
le style de l'Ancien Testament, des tournures du néo-vingtième siècle, et je prédis
je prédis une Nouvelle Préhistoire — sans autre précision — où
une Classe devenait Race sous l'humour sans merci d'un Pape,
avec des Révolutions en forme de croix, que commandaient
des Mendiants et des Alis aux Yeux Bleus —
jusqu'à ces gênants calligrammes
de ma « vile pleurnicherie »
petite-bourgeoise.

Così
sfogliai una vana rosa,
la rosa privata del terrore
e della sessualità, proprio negli anni
in cui mi si richiedeva d'essere il partigiano
che non confessa nè piange.

Ainsi
effeuillai-je en vain une rose
la rose privée de la terreur
et de la sexualité, au temps, justement,
où l'on me demandait d'être le partisan
sans aveux et sans larmes.

L'AUBE MÉRIDIONALE

L'ALBA MERIDIONALE

Camminavo nei dintorni dell'albergo — era sera —
e quattro o cinque ragazzetti comparvero,
nella pelle di tigre dei prati, senza
una rupe, un buco, un po' di vegetazione
dove ripararsi da eventuali spari : chè
Israele era lì, sulla stessa pelle di tigre,
cosparsa di case di cemento e vani
muretti, come in ogni periferia.
Li raggiunsi, in quell'assurdo punto,
lontano dalla strada, dall'albergo,
dal confine. Fu un'ennesima amicizia,
una di quelle che durando una sera,
straziano poi tutta la vita. Essi,
i diseredati, e, per di più, figli
(che, dei diseredati hanno il sapere
del male — il furto, la rapina, la menzogna —
e, dei figli, l'ingenua idealità
del sentirsi consacrare al mondo),
essi, ebbero subito la vecchia luce d'amore
— come gratitudine — nel fondo degli occhi.
E, parlando, parlando, finchè
scese la notte (e già uno mi abbracciava,
dicendo ora che mi odiava, ora che no,
mi amava, mi amava), seppi, di loro, ogni cosa,

Je marchais non loin de l'hôtel — c'était le soir —
et quatre ou cinq gamins apparurent,
sur la peau de tigre des prés, sans
une roche, un trou, sans une touffe d'herbe
pour se mettre à l'abri d'éventuels coups de feu : car
Israël était là, sur cette même peau de tigre,
semée de maisons de ciment, et d'inutiles
murettes, comme on en trouve en chaque faubourg.
Je me joignis à eux, en cet endroit absurde,
loin de la route, de l'hôtel,
de la frontière. Ce fut une amitié de plus,
de celles qui ne durent qu'un soir,
et déchirent pendant toute une vie. Eux,
ces déshérités, qui de surcroît sont des enfants
(et qui ont, des déshérités, la science
du mal — le vol, les rapines, la tricherie —
et, enfants, le naïf idéalisme
de se sentir consacrés au monde),
ils eurent aussitôt l'antique lueur d'amour
— telle une gratitude — au fond de leurs yeux.
Et, parlant, parlant, jusqu'à ce que tombe
la nuit (et déjà l'un d'eux m'embrassait,
disant tantôt qu'il me haïssait, tantôt que non,
qu'il m'aimait, qu'il m'aimait), je sus tout sur eux,

ogni semplice cosa. Questi erano gli dei,
o figli di dei, che misteriosamente sparavano,
per un odio che li avrebbe spinti giù dai monti di creta,
come sposi assetati di sangue, sui Kibutz invasori
sull'altra metà di Gerusalemme...
Questi straccioni, che vanno a dormire, ora,
all'aperto, in fondo a un prato di periferia.
Coi loro fratelli maggiori, soldati
armati di un vecchio fucile e di due baffi
di mercenari rassegnati a vecchie morti.
Questi sono i Giordani terrore di Israele,
questi che davanti a me piangono
l'antico dolore dei profughi. Uno di essi,
deputato all'odio, già quasi borghese (al moralismo
ricattatore, al nazionalismo che sbianca di furore
nevrotico) mi canta il vecchio ritornello
imparato dalla sua radio, dai suoi re —
un altro, nei suoi stracci, ascolta assentendo,
mentre, come un cucciolo, si stringe a me,
non provando altro, nel prato di confine,
nel deserto giordano, nel mondo,
che un misero sentimento di amore!

je sus tout, simplement. C'étaient là les dieux,
ou les fils de dieux, qui mystérieusement tiraient,
avec une haine qui les aurait poussés à fondre, des monts
    de craie,
tels des époux assoiffés de sang, sur les Kibboutz
    envahisseurs,
de l'autre côté de Jérusalem...
Ces gueux, qui s'en vont dormir, maintenant,
sans abri, au fond de quelque pré de faubourg.
Avec leurs frères aînés, soldats
armés d'un vieux fusil et d'une paire de moustaches
en mercenaires résignés depuis toujours à mourir.
Ce sont les Jordaniens, terreur d'Israël,
ceux-là qui, face à moi, pleurent
l'antique douleur des proscrits. L'un d'eux,
délégué à la haine, déjà presque bourgeois (avec son
    chantage
moralisateur, son nationalisme qui blanchit d'une fureur
de névrose) me chante la vieille ritournelle
que lui serinent, à la radio, ses rois —
un autre, en haillons, écoute en approuvant,
tout en se blottissant, comme un chiot, contre moi,
sans rien éprouver, en ce pré de frontière,
dans le désert jordanien, dans le monde,
qu'un misérable sentiment d'amour!

VICTOIRE
VITTORIA

Dove sono le armi? Io non conosco
che quelle della mia ragione :
e nella mia violenza non c'è posto

NEANCHE PER UN'OMBRA DI AZIONE
NON INTELLETTUALE. *Faccio ridere*
ora, se, suggerite dal sogno,

in un grigio mattino che videro
morti, e altri morti vedranno, ma per noi
non è che un ennesimo mattino, grido

parole di lotta? Non so poi
che ne sarà di me a mezzogiorno,
ma il vecchio poeta è « ab joy »

che parla, come lauzeta o storno
— e come un giovane vorrebbe morire.
Dove sono le armi? Non ritornano

Où sont les armes? Je ne conrais,
pour moi, que celles de la raison :
et ma violence ne fait nulle place

NE FÛT-CE QU'AU FANTÔME D'UNE
    ACTION
QUI NE SOIT INTELLECTUELLE. Qui songe
    à rire,
si maintenant, sous l'emprise du rêve,

par ce matin gris, que virent
des morts, et que d'autres morts verront, mais qui pour
    nous
n'est qu'un matin de plus, je crie

des mots de lutte? J'ignore, bien sûr,
ce qu'il en sera de moi à midi,
mais le vieux poète est « ab joy »

qui parle, comme alouette ou étourneau
— et qui, tout comme un jeune, voudrait mourir.
Où sont les armes? Les jours passés

i vecchi giorni lo so, ogni aprile
rosso, di gioventù, è passato.
Solo un sogno, di gioia, può aprire

una stagione di dolore armato.
Io che fui un partigiano inerme
— un mistico, imberbe Innominato —

adesso sento nella vita il germe
orrendamente profumato della Resistenza.
Nel mattino le foglie sono ferme

come sul Tagliàmento o la Livenza :
non è un temporale che viene,
nè una sera che scende, è l'assenza

della vita, che si contempla, si tiene
lontana da sè, intenta a capire
quali terribili, quali serene

forze ancora la empiano : profumo d'aprile!
un giovane armato per ogni filo d'erba,
volontario per voglia di morire!
. . . .
Bene, mi sveglio per la prima volta in vita mia
col desiderio d'impugnare un'arma.
Il ridicolo è che lo dico in poesia

— e a quattro amici di Roma, due di Parma —
che mi capiranno, in questa nostalgia
idealmente tradotta dal tedesco, in questa calma

archeologica, che contempla un'Italia solatia
e spopolata, sede di partigiani barbari,
che scendono Alpi o Appennini, per la Vecchia Via...

ne reviendront plus, je le sais, le rouge avril
de la jeunesse est révolu pour toujours.
Seul un rêve, un rêve de joie, peut ouvrir

une saison, de douleur armée.
Et moi qui fus un partisan sans armes
— un mystique, un imberbe Chevalier sans nom —

voici que je sens dans la vie la semence,
à l'horrible parfum, de la Résistance.
Dans le matin, nulle feuille ne bouge,

comme sur le Tagliamento ou la Livenza :
ce n'est pas qu'un orage vienne,
ni que le soir descende, c'est l'absence

de toute vie, qui se contemple, se tient
à l'écart d'elle-même, et cherche à comprendre
quelles terribles, quelles tranquilles

forces l'emplissent encore : parfum d'avril!
un jeune homme armé pour chaque brin d'herbe,
que rend volontaire l'envie de mourir!

. . . .

C'est bien, pour la première fois de ma vie je m'éveille
avec le désir d'empoigner une arme.
Mon ridicule, c'est de le dire en poésie

—et de le dire à quatre amis de Rome, à deux de Parme —
qui me comprendront, en cette nostalgie
idéalement transcrite de l'allemand, en cette paix

archéologique, qui contemple une Italie solaire
et dépeuplée, foyer de partisans barbares,
qui dévalent des Alpes ou des Apennins, par la Voie
    Antique...

Non è la mia che frenesia dell'alba.
A mezzogiorno sarò coi miei connazionali
alle opere, ai pasti, alla realtà che inalbera

la bandiera, oggi bianca, dei Destini Generali.
E voi, comunisti, miei compagni non compagni,
ombre di compagni, straniati cugini carnali

persi nei giorni presenti come in lontani,
non immaginati giorni del futuro, voi, padri
senza nome, che avete sentito richiami

che io credevo simili ai miei, quelli che ardono
oggi come dei fuochi abbandonati,
sulle fredde pianure, lungo i margini

dei fiumi dormienti, sui monti bombardati.
. . . .

Prendo tutta su di me la colpa (vecchia
mia vocazione, inconfessata, facile fatica)
della disperata nostra debolezza

per cui milioni di noi, con una vita
in comune, non furono in grado
di andare fino in fondo. È finita,

trallallà, cantiamo, cadono
le ultime foglie della Guerra
e della martire vittoria, sempre più rade,

distrutte a poco a poco da quella
che sarebbe stata la realtà,
non solo della cara Reazione, ma della bella

Ma frénésie ne me vient que de l'aube.
A midi je vaquerai, avec mes concitoyens,
au travail, aux repas, à la réalité qui arbore

la bannière, blanche aujourd'hui, des Destins Généraux.
Et vous, les communistes, mes compagnons non compa-
  gnons,
ombres de compagnons, cousins germains devenus
  étrangers,

perdus ces jours-ci comme aux jours lointains
d'un avenir qu'on n'imaginait point, vous, pères
sans nom, qui avez perçu des appels

que je croyais pareils aux miens, ceux-là qui brûlent
aujourd'hui comme feux abandonnés
par les froides plaines, le long des rives

des fleuves dormants, sur les monts bombardés...

. . . .

Je prends sur moi toute la faute (c'est ma vieille
vocation, inavouée, peine facile)
de notre faiblesse désespérée

puisque des millions d'entre nous, qui vécurent
la même vie, ne surent que faire
pour aller jusqu'au bout. C'est fini,

tralala, chantons, tandis que tombent
les dernières feuilles de la Guerre
et de la paix martyre, de plus en plus espacées,

lentement détruites par la réalité
qui allait alors être celle
de la chère Réaction, mais aussi de la belle

Socialdemocrazia nascente, trallallà.

Prendo (con piacere) su di me la colpa
di aver lasciato tutto com'era :
della sconfitta, della sfiducia, della sporca

speranza degli Anni Amari, trallallera.
E prendro su di me lo straziante
dolore della nostalgia più nera,

quella che si rappresenta le cose rimpiante
con tanta verità, che spera
quasi di ricrearle, o ricostruirne le infrante

condizioni che le necessitavano, trallallera...
. . . .

Dove sono sparite le armi, pacifica
produttiva Italia che non importi al mondo?
Nella schiava bonaccia che giustifica

oggi la ristrettezza come ieri il benessere — dal profondo
al ridicolo — e nella più perfetta solitudine —
j'accuse! No, calma, non il Governo, o il Latifondo

o i Monopoli — ma solo i loro drudi,
gl'intellettuali italiani, tutti,
anche coloro che giustamente si giudicano

miei forti amici. Saranno stati questi i più brutti
anni della loro vita : PER AVERE ACCETTATO
UNA REALTA CHE NON C'ERA. *I frutti*

di questa connivenza, di questo ideale peculato,
sono che la realtà reale ora non ha poeti.
(Io? Io sono inaridito e superato.)

Social-démocratie naissante, tralala.

Je prends (c'est un plaisir) sur moi la faute
d'avoir laissé les choses comme elles étaient :
de la défaite, du découragement, de la miteuse

espérance des Années Amères, tralalaire.
Et je prends sur moi la déchirante
douleur de la nostalgie la plus noire,

celle qui fait surgir les choses que l'on pleure
avec tant de vérité, qu'elle espère
presque les recréer, ou reconstruire les défuntes

conditions qui les rendaient nécessaires, tralalaire...
. . . .

Où sont passées les armes, pacifique,
productive Italie, dont le monde se joue?
Dans la servile bonace qui justifie

la gêne aujourd'hui comme hier le bien-être — du profond
jusqu'au ridicule — et dans la plus parfaite solitude —
j'accuse! Non pas, du calme, le Gouvernement, ni la
    Grande Propriété,

ni les Monopoles — mais simplement leurs souteneurs,
les intellectuels italiens, tous,
même ceux qui se jugent à juste titre

mes bons amis. Ils auront vécu là les pires
années de leur vie : POUR AVOIR ACCEPTÉ
UNE RÉALITÉ QUI N'EXISTAIT PAS. Le fruit

de cette connivence, de cet idéal péculat,
c'est que la vraie réalité aujourd'hui n'a plus de poète.
(Moi? Mais je suis stérilisé et dépassé.)

Ora che Togliatti se ne va con gli echi
degli ultimi scioperi di sangue,
vecchio, nel numero dei profeti

che, ahi, hanno avuto ragione — sogno nel fango
armi nascoste, nel fango elegiaco
tra piccoli che giocano, vecchi padri che vangano,

mentre 'dalle lapidi cade la malinconia,
le liste dei nomi si incrinano,
i coperchi delle tombe saltano via,

e i giovani cadaveri con la spolverina
che usava in quegli anni, i calzoni
larghi, e sulla chioma partigiana la bustina

militare, scendono lungo i muraglioni
dove stanno i mercati, giù dai viottoli
che uniscono i primi orti ai costoni

delle colline : scendono dai cimiteri. Giovanotti
con negli occhi qualcos'altro che amore :
una follia segreta, di uomini che lottano

come chiamati da un destino diverso dal loro.
Con quel segreto che non è più segreto,
scendono giù, muti, nel primo sole,

e, pur così vicino alla morte, il loro è il passo lieto
di chi ha tanto cammino da fare nel mondo.
Ma essi sono abitanti del monte, del greto

selvaggio del fiume padano, del fondo
della fredda pianura. Cosa fanno fra noi?
Tornano, e nessuno li ferma. Non nascondono

Maintenant que Togliatti s'éloigne avec les échos
des dernières grèves de sang,
devenu vieux, au rang des prophètes

qui, hélas, auront eu raison — je rêve d'armes
enfouies dans la boue, dans la boue élégiaque,
là où des enfants jouent, et de vieux pères bêchent,

tandis que des dalles tombe la mélancolie,
les listes de noms se fendent,
les couvercles des tombes volent en éclats,

et de jeunes cadavres, portant le paletot
que l'on portait ces années-là, des pantalons
flottants, et, sur leur chevelure partisane, le calot

militaire, dévalent des murailles
où se tiennent les marchés, par les sentiers
qui relient les premiers vergers aux escarpements

des collines : ils descendent des cimetières. Des jeunes gens
avec dans leurs yeux quelque chose d'autre que l'amour :
une folie secrète, celle d'hommes qui luttent

comme appelés par un destin différent du leur.
Avec ce secret qui n'est plus un secret,
ils descendent, muets, dans le soleil levant,

et, bien qu'étant si proches de la mort, ils ont le pas joyeux
de ceux qui ont un long chemin à parcourir de par le
    monde.
Ce sont pourtant les habitants des monts, de la sauvage

grève où roule le Pô, du fond
des froides plaines. Que font-ils parmi nous?
Ils reviennent, et nul ne les arrête. Ils ne cachent pas

le armi — che stringono senza dolore nè gioia —
e nessuno li guarda, come accecato dal pudore
per quell'osceno brillare di mitra, quel passo d'avvoltoi,

che scendono al loro oscuro dovere, nella luce del sole.

. . . .

Vorrei vedere chi ha il coraggio di dirgli
che l'ideale che arde segreto nei loro occhi
è finito, appartiene ad altro tempo, che i figli

dei loro fratelli da anni ormai non lottano
più, e la storia crudelmente nuova,
ha dato altri ideali, li ha quietamente corrotti...

Toccheranno, rozzi come barbari poveri,
le nuove cose che in questi due decenni l'uomo
crudele si è dato, cose inette a commuovere

chi cerca giustizia...

Ma facciomo festa, prendiamo le bottiglie
del buon vino della Cooperativa...
A sempre nuove vittorie, e nuove Bastiglie!

Il Rafosco, il Bacò... Evviva, Evviva!
Salute, vecchio! Forza, compagno!
E tanti auguri alla bella comitiva!

Viene da oltre le vigne, da oltre lo stagno
delle Fonde, il sole : dalle tombe vuote,
dalle lapidi bianche, dal tempo lontano.

Ma adesso che violenti, assurdi, con ignote
voci di emigranti, sono qua,
impiccati a lampioni, straziati da garrotte,

leurs armes—qu'ils étreignent, sans douleur et sans joie—
et tous baissent les yeux, comme aveuglés par la pudeur,
devant l'obscène éclat de ces mitraillettes, et ce pas de
   vautours

qui descendent vers leur obscur devoir, au grand soleil.

. . . .

Il ferait beau voir qu'on ait le courage de leur dire
que l'idéal qui brûle en secret dans leurs yeux
est révolu, qu'il appartient à d'autres temps, que les fils

de leurs frères depuis des années déjà ne luttent
plus, que l'histoire, changeante et cruelle,
a fourni d'autres idéaux, les a doucement corrompus...

Ils toucheront, grossiers comme de pauvres barbares,
les choses nouvelles qu'en ces vingt années l'homme
cruel s'est octroyées, choses impropres à émouvoir

celui qui réclame justice...

Mais faisons fête, prenons les bouteilles
du bon vin de la coopérative...
A de nouvelles victoires, à de nouvelles Bastilles!

Du Rafosco, du Baco... Bravo, bravo!
Salut, mon vieux! Courage, ami!
Et tous nos vœux pour votre belle compagnie!

C'est d'au-delà des vignes, d'au-delà de l'étang
des Fonds, que vient le soleil : des tombes vides,
des dalles blanches, du temps jadis.

Mais puisque violents, absurdes, avec d'étranges
voix d'émigrants, ils sont ici,
pendus aux réverbères, blessés par les garrots,

chi, alla nuova lotta, li guiderà?
Togliatti, lui, è finalmente vecchio
come per tutta la vita egli ha

voluto, e si tiene allarmato nel petto
come un pontefice, il bene che gli vogliamo,
sia pur fissato in epico affetto,

lealtà che accetta anche il più disumano
frutto di lucidità arsa e tenace come scabbia.
« Ogni politica è una realpolitica », anima

guerriera, con la tua delicata rabbia!
Non riconosci un'altra anima, eh? Questa
dove c'è tutta la prosa dell'uomo abile,

del rivoluzionario attaccato all'onesta
media dell'uomo (anche la complicità
con gli assassinii degli Anni Amari s'innesta

nel classicismo protettore, che fa
il comunista perbene) : non riconosci il cuore
che diventa schiavo del suo nemico, e va

dove il nemico va, condotto dalla storia
ch'è storia di tutti due, e li fa, nel profondo,
stranamente fratelli; non riconosci i timori

d'una coscienza che, lottando col mondo,
ne condivide le norme della lotta nei secoli,
come per un pessimismo in cui affondano,

per farsi più virili, le speranze. Lieto
d'una lietezza che non sa retroscena
è questo esercito — cieco nel cieco

qui donc les guidera dans leur nouvelle lutte?
Togliatti, pour sa part, est finalement vieux,
ainsi qu'il l'a voulu pendant toute sa vie,

et il serre, inquiet, sur son cœur,
tel un pape, l'amour que nous lui vouons,
même cristallisé en affection épique,

loyauté qui accepte jusqu'au fruit
le plus inhumain d'une lucidité brûlante et tenace comme
   gale.
« Pas de politique sans réalisme », âme

guerrière, avec ta délicate rage!
Ne reconnais-tu pas une autre âme, allons donc! Celle
où il y a toute la prose de l'homme habile,

du révolutionnaire qui s'attache à l'honnête
homme moyen (même la complicité
avec les assassinats des Années Amères se greffe

sur le classicisme protecteur, qui caractérise
le communiste comme il faut) : ne reconnais-tu pas le cœur
qui se fait l'esclave de son ennemi, qui va

là où l'ennemi va, sous la conduite de l'histoire
qui est leur histoire à tous deux, et qui les rend, au fond,
étrangement pareils; ne reconnais-tu pas les craintes

d'une conscience qui, luttant contre le monde,
enregistre les règles de cette lutte au cours des siècles,
comme sous l'effet d'un pessimisme où sombre,

pour y tremper sa virilité, l'espérance. Joyeuse
d'une joie qui renie toute arrière-pensée
est cette armée — aveugle dans l'aveugle

sole — di giovani morti, che viene
ed aspetta. Se il suo padre, il suo capo,
lo lascia solo nei bianchi monti, nelle serene

pianure — assorbito in un misterioso dibattito
con il Potere, legato alla sua dialettica
che la storia rinnova senza pace —

piano piano dentro i barbarici petti
dei figli, l'odio si fa amore per l'odio,
ardendo solo in essi, i pochi, i benedetti.

Ah, Disperazione che non conosci codici!
Ah, Anarchia, libero amore
di Santità, con i tuoi canti prodi!
. . . .

Prendo, anche, su di me la colpa del tentare
tradendo, del lottare arrendendosi,
dell'accettare il bene come il minor male,

antinomie simmetriche che io tengo
in pugno come vecchie abitudini...
Tutti i problemi dell'uomo, col loro tremendo

volerci ambigui (il nodo delle solitudini
dell'io che si sente morire
e non vuol presentarsi davanti a Dio nudo) :

tutto prendo su me, onde poter capire,
da dentro, il frutto di quell'ambiguità :
un uomo adorabile, da cui in questo aprile

incalcolato, mille giovani scesi dall'Aldilà,
aspettano fiduciosi un segno che abbia
la forza della fede senza pietà,

soleil — de jeunes morts, qui viennent
et qui attendent. Si leur père, leur chef,
les laisse seuls dans la blancheur des monts, dans les
   paisibles

plaines — absorbé en un mystérieux débat
avec le Pouvoir, enchaîné à sa dialectique
que l'histoire l'oblige à réformer sans trêve —

tout doucement, dans les cœurs barbares
des fils, la haine fait place à l'amour de la haine,
ne brûlant plus qu'en eux, peu nombreux, les élus.

Ah, Désespoir, qui ignores les codes!
Ah, Anarchie, libre amour
de Sainteté, avec tes chants altiers!
. . . .

Je prends sur moi, aussi, la faute de tenter
en trahissant, de lutter en rendant les armes,
d'accepter le bien comme un moindre mal,

antinomies symétriques que je serre
en mon poing comme de vieilles habitudes...
Tous les problèmes de l'homme, qui nous veulent

terriblement ambigus (le nœud de solitudes
de celui qui se sent mourir
et ne veut pas se présenter devant Dieu nu) :

je prends tout sur moi, pour pouvoir comprendre,
de l'intérieur, le fruit de cette ambiguïté :
un homme adorable, dont en ce mois d'avril

incalculé, venus de l'Au-delà, mille jeunes
attendent, confiants, un signe qui détienne
la force d'une foi sans pitié

a consacrare la loro umile rabbia.
Struggente, è in lui, Nenni, l'incertezza
con cui ha rimesso in gioco se stesso, e l'abile

coerenza, l'accettata grandezza.
Con cui ha rinunciato all'epico affetto
che poteva anche a diritto avere avvezza

la sua anima : e, uscendo dalla scena di Brecht,
per ritirarsi nei bui retroscena,
dove impara nuove parole reali l'eroe incerto,

ha spezzato a sue spese la catena
che lo legava al popolo come un vecchio idolo,
dando alla sua vecchiezza nuova pena.

I giovani Cervi, mio fratello Guido,
i ragazzi caduti a Reggio nel Sessanta,
col loro casto, il loro forte, il loro fido

occhio, sede della luce santa,
lo guardano, e aspettano le vecchie parole.
Ma egli, eroe ormai diviso, manca

ormai della voce che tocca il cuore :
si rivolge alla ragione non ragione,
alla sorella triste della ragione, che vuole

capire la realtà nella realtà, con passione
che rifiuta ogni estremismo, ogni temerità.
Che cosa dirgli? Che la realtà ha una nuova tensione

che è quella che è, e ormai non ha
più senso altro che accettarla...
CHE LA RIVOLUZIONE DIVENTA ARI-
DITÀ

pour consacrer leur humble rage.
Déchirante est en lui, Nenni, l'incertitude
qui l'a fait se remettre en jeu lui-même, avec son habile

cohérence, sa grandeur reconnue.
Qui l'a fait renoncer à l'affection épique
à laquelle pouvait, à bon droit, s'être habituée

son âme : et, délaissant la scène de Brecht
pour faire retraite en de noires coulisses
et y apprendre de nouvelles paroles réelles, héros
   incertain,

il a brisé à ses dépens la chaîne
qui le liait comme une vieille idole au peuple,
donnant à sa vieillesse une tâche nouvelle.

Les jeunes Cervi, mon frère Guido,
les garçons tombés à Reggio en soixante,
avec leur chaste, leur fort, leur fidèle

regard, foyer de sainte lumière,
le scrutent, dans l'attente des paroles anciennes.
Mais lui, héros désormais déchiré, ne trouve plus,

désormais, la voix qui touche le cœur :
il s'en remet à la raison qui n'est pas raison,
à la sœur triste de la raison, celle qui cherche

à saisir ce qu'il y a de réel dans le réel, avec une passion
qui refuse toute témérité, tout extrémisme.
Que leur dire? Que la réalité a pris des formes nouvelles,

qu'elle est ce qu'elle est, qu'il n'y a désormais
d'autre possibilité que de l'accepter...
QUE LA RÉVOLUTION EST FRAPPÉE DE
   STÉRILITÉ

S'È SENZA MAI VITTORIA... *che forse non è*
   tardi
per chi vuol vincere, ma non con la violenza
delle vecchie, disperate armi...

Che bisogna sacrificare la coerenza
all'incoerenza della vita, tentare un dialogo
creatore, anche contro la nostra coscienza.

Che la realtà, anche di questo piccolo, avaro
Stato, è più di noi, è sempre un'immensa cosa :
e bisogna rientrarne, se pure è così amaro...

Ma che ragione volete che ascolti questa ansiosa
masnada di uomini, che hanno lasciato — come
dicono i canti — la casa, la sposa,

la vita stessa, proprio nel nome della Ragione?
. . . .

Ma c'è forse, una parte dell'anima di Nenni, che vuole
dire a questi compagni — venuti da laggiù,
con vesti militari, i buchi nelle suole

delle scarpe borghesi, e la loro gioventù
innocentemente assetata di sangue —
« Dove sono le armi? Avanti, su,

prendetele, dalla paglia, dal fango,
non vedete che non è cambiato niente?
Coloro che piangevano ancora piangono.

Quelli di voi che hanno cuore puro e innocente
vadano a parlare in mezzo ai tuguri,
ai caseggiati della povera gente,

SI ELLE N'A JAMAIS LA VICTOIRE... qu'il
  n'est peut-être pas trop tard
si l'on veut vaincre, mais non par la violence
des vieilles armes du désespoir...

Qu'il faut savoir sacrifier la cohérence
à l'incohérence de la vie, tenter un dialogue
créateur, fût-ce contre notre conscience.

Que la réalité, même celle de cet étroit, de cet avare
État, nous déborde, qu'elle est toujours une chose
  immense :
et qu'il faut bien s'y résigner, si amer que ce soit...

Mais quelle raison voulez-vous faire entendre à cette
  troupe
d'hommes anxieux, qui ont quitté — comme
disent les chants — leur maison, leur épouse,

leur vie même, au nom justement de la Raison?
. . . .

Mais peut-être une partie de l'âme de Nenni voudrait-elle
dire à ces compagnons — venus de l'au-delà,
en habits de combat, des trous dans les semelles

de leurs souliers bourgeois, et leur jeunesse
innocemment assoiffée de sang —
« Où sont les armes? Allez, en avant,

prenez-les, dans la paille, dans la boue,
ne voyez-vous pas que rien n'a changé?
Ceux qui pleuraient pleurent encore.

Ceux d'entre vous qui ont le cœur pur et innocent,
qu'ils s'en aillent parler dans les chaumières,
les masures des pauvres gens,

che dietro i suoi vicoli e i suoi muri
nasconde la peste vergognosa, la passività
di chi si sa tagliato fuori dai giorni futuri.

Quelli di voi che possiedono un cuore
votato alla maledetta lucidità,
vadano nei laboratori, nelle scuole,

a ricordare che nulla in questi anni ha
mutato la qualità del conoscere, eterno prestesto,
forma utile e dolce del Potere, NON MAI VERITÀ.

Quelli di voi che obbediscono a un onesto
vecchio imperativo di religione
vadano tra i figli che crescono

col cuore vuoto di ogni reale passione,
a ricordare che il loro nuovo male
è SEMPRE, ANCORA *la divisione del mondo. Quelli*

infine tra voi a cui una triste nascita casuale
in famiglie senza speranza, ha dato spalle dure, capelli
ricci di criminale, oscuri zigomi, occhi senza pietà,

vadano, tanto per cominciare, dai Crespi, dagli Agnelli,
dai Valletta, dai potenti delle Società
che hanno portato l'Europa sulle rive del Po :

è giunta per ognuno di loro l'ora che non ha
proporzione con quanto ebbe e quanto odiò.
Coloro poi che hanno sottratto al bene comune

qui derrière leurs murs et leurs ruelles
cachent la lèpre honteuse, la passivité
de qui se sait exclu des jours futurs.

Ceux d'entre vous qui possèdent un cœur
voué à la lucidité maudite,
qu'ils s'en aillent dans les ateliers, les écoles,

y rappeler que rien ces dernières années n'a
changé la qualité du savoir, éternel prétexte,
forme utile et douce au pouvoir, V É R I T É   J A M A I S .

Ceux d'entre vous qui obéissent à un honnête,
à un vieil impératif de religion,
qu'ils s'en aillent parmi les fils qui grandissent

le cœur dénué de toute vraie passion,
pour leur rappeler que ce nouveau mal
est E N C O R E   E T   T O U J O U R S la division du
monde. Ceux

d'entre vous enfin auxquels une triste naissance occa-
sionnelle
en des familles sans espoir, a donné des épaules dures,
d'hirsutes
chevelures de criminels, des pommettes sombres, des yeux
sans pitié,

qu'ils s'en aillent, pour commencer, chez les Crespi, chez
les Agnelli,
les Valletta, chez les puissants des Sociétés
qui ont porté l'Europe jusqu'aux rives du Pô :

voici venue pour chacun d'entre eux l'heure sans
commune mesure avec ce qu'ils ont possédé et haï.
Et quant à ceux qui ont soustrait au bien commun

capitale prezioso, e che nessuna legge può
punire, ebbene, andate, legateli con la fune
dei massacri. In fondo a Piazzale Loreto

ci sono ancora, riverniciate, alcune
pompe di benzina, rosse nel quieto
solicello della primavera che riviene

col suo destino : è ora di rifarne un sepolcreto. »

. . . .

Se ne vanno... Aiuto, ci voltano le schiene,
le loro schiene sotto le eroiche giacche
di mendicanti, di disertori... Sono così serene

le montagne verso cui ritornano, batte
così leggero il mitra sul loro fianco, al passo
ch'è quello di quando cala il sole, sulle intatte

forme della vita — tornata uguale nel basso
e nel profondo! Aiuto, se ne vanno! Tornano ai loro
silenti giorni di Marzabotto o di Via Tasso...

Con la testa spaccata, la nostra testa, tesoro
umile della famiglia, grossa testa di secondogenito,
mio fratello riprende il sanguinoso sonno, solo

tra le foglie secche, i caldi fieni
di un bosco delle prealpi — nel dolore
e la pace d'una interminabile Domenica...

Eppure, questo è un giorno di vittoria!

1964

un capital précieux, et que les lois sont impuissantes
à châtier, eh bien, allez, liez-les de la corde
des massacres. Au fond du Piazzale Loreto

il y a encore, repeintes, quelques
pompes à essence, rouges, en ce calme,
en ce léger soleil de printemps qui revient

avec son destin : il est temps d'en refaire un endroit
  funèbre. »

. . . .

Ils s'en vont... Au secours, ils nous tournent le dos,
leurs dos vêtus de vestes héroïques
de mendiants, de déserteurs... Elles sont si tranquilles,

les montagnes vers lesquelles ils s'en vont, elle bat
si légère à leur flanc, la mitraillette, tandis qu'ils marchent
comme l'on marche au coucher du soleil, sur les formes

inchangées de la vie — redevenue la même en bas
et en profondeur! Au secours, ils s'en vont! Ils retournent
  à leurs
silencieux séjours de Marzabotto ou de Via Tasso...

La tête fendue, notre tête, humble
trésor de la famille, sa grosse tête de cadet,
mon frère se rendort de son sanglant sommeil, abandonné

parmi les feuilles mortes, le foin chaud
d'un bosquet des préalpes — dans la douleur
et dans la paix d'un interminable dimanche...

Ce jour, pourtant, est un jour de victoire!

1964

APPENDICE

Nous reproduisons ici, à la demande de Pier Paolo Pasolini, les quelques pages (suivies d'un poème) qu'il a rédigées en guise d'introduction à une anthologie, publiée en Italie, de ses œuvres poétiques (Pier Paolo Pasolini, *Poesie,* Aldo Garzanti Editore, 1970). Le choix effectué à cette occasion par l'auteur coïncide d'ailleurs, en grande partie, avec le nôtre. *(N.d.T.)*

AU LECTEUR NON AVERTI

I

Le dernier recueil de poèmes que j'ai soumis à publication a été *Poésie en forme de rose,* en 1964. Six années se sont écoulées. Pendant ce laps de temps, j'ai tourné bon nombre de films (*L'Évangile selon Matthieu,* auquel je travaillais encore lors de la publication de *Poésie en forme de rose,* puis *Les Oiseaux, petits et gros, Œdipe Roi, Théorème, Porcherie, Médée*) : tous ces films, je les ai tournés « en poète [1] ». Il ne me paraît pas opportun d'effectuer ici une analyse portant sur l'équivalence entre le « sentiment poétique » suscité par certaines séquences de mes films, et celui que suscitent certains passages de mes recueils de poèmes. La tentative de définir une équivalence de ce genre n'a jamais été effectuée, sinon de façon très floue, en faisant référence aux contenus. Je crois toutefois que l'on ne saurait nier qu'*une certaine façon de ressentir quelque chose* se retrouve *identique à elle-même* face à certains de mes vers et à certaines de mes prises de vues.

Toutefois, depuis 1964, je ne me suis pas limité à écrire de la poésie par le truchement du cinéma : ce n'est que pendant une année ou deux que j'ai complètement observé

---

1. J'utilise cette expression en un sens purement « technique ».

le silence en tant que « poète en vers » (tout en écrivant certaines choses qui sont restées inédites et inachevées) : en 1965, il m'a fallu garder un mois la chambre, malade, et, pendant ma convalescence, je me suis remis au travail; et — peut-être en fonction du fait que, pendant ma maladie, j'avais relu Platon, avec une joie que je ne puis décrire — je me suis mis à écrire pour le théâtre : six tragédies en vers, auxquelles je n'ai cessé de travailler pendant ces cinq dernières années — y revenant parfois après les avoir abandonnées pendant toute une année, ou davantage encore — et qui paraîtront prochainement sous le titre de *Caldéron*.

Évidemment, pendant tout ce temps, je ne pouvais écrire des vers qu'en les attribuant à certains personnages, qui me tenaient lieu en quelque sorte de relais.

Mais, à partir de poésies de circonstance, ou même de poésies écrites sur commande — après une première ébauche plutôt négligée — « Le P.C.I. aux jeunes! » — écrite aux premiers jours du mois de mars 1968, et publiée peu après, déloyalement, à mon insu, par un magazine [1] — à l'automne de cette année-là j'ai « recommencé » à être un versificateur au sens courant du terme : et voici que j'en ai fini avec un nouveau recueil, *Trasumanar e organizzar* [2], qui paraîtra bien vite, à la diligence de ce même éditeur qui me demande maintenant d'écrire cette introduction à mes poésies « anciennes ».

Six années passent vite : mais si l'on se souvient que le premier des recueils qui font partie de cette anthologie a été publié en juin 1957 (et que la poésie intitulée *Les Cendres de Gramsci,* qui lui a donné son nom, est datée de mai 1954), alors cet intervalle de six années devient l'intervalle où s'inscrit toute une époque littéraire et

---

1. Si elle avait été publiée dans la revue spécialisée *(Nouveaux Arguments)* à laquelle elle était destinée, elle aurait été *différente* de ce qu'elle a été.

2. Recueil non encore traduit en français. *(N.d.T.)*

poétique (même si vécue en partie, avec les derniers poèmes, sur le mode de la transition).

Je ferai donc comme si je m'adressais à un lecteur non averti. Et je ne sais et ne veux lui fournir rien de plus qu'un certain nombre d'indications.

Je n'ai pas commencé à écrire en vers en composant *Les Cendres de Gramsci* : j'ai commencé bien avant cette date, et plus précisément en 1929, à Sacile, alors que je venais tout juste d'avoir sept ans, et que j'étais inscrit en Cours élémentaire seconde année.

Ce fut ma mère qui me révéla comment la poésie pouvait être écrite de façon concrète, et non seulement récitée à l'école (« L'air est de verre... »). Mystérieusement, un beau jour, ma mère en effet me présenta un sonnet, qu'elle avait elle-même composé, et dans lequel elle me disait son amour pour moi (je ne sais en fonction de quelles nécessités de rime cette poésie finissait par les mots suivants « d'amour, vois-tu, j'en ai tant et tant »). Quelques jours plus tard j'écrivis mes premiers vers : il y était question de « rossignol » et de « frondaison ». Je crois bien que je n'aurais su distinguer alors un rossignol d'un pinson, ni d'ailleurs un peuplier d'un orme : et du reste à l'école (sous la conduite de mon institutrice, Ada Costella, une Toscane, en cet inoubliable Cours élémentaire seconde année), nous n'avions certes pas à lire Pétrarque. Je ne sais donc où j'avais bien pu apprendre le code tout empreint de classicisme de l'élection et de la sélection linguistiques. Le fait est que, sans tenir aucun compte de l' « abundantia cordis » de ma mère, j'ai commencé par être rigoureusement « sélectif » et « choisi ».

J'ai écrit depuis lors de véritables collections de recueils de vers : à treize ans, j'ai été poète épique (de l'*Iliade* aux *Lusiades*). Je n'ai pas négligé la tragédie en vers, je n'ai pas évité, avec l'adolescence, l'inévitable rencontre avec Carducci, Pascoli et D'Annunzio, en une phase commencée à Scandiano — le Cours préparatoire, que je suivais en faisant la navette, était celui de Reggio Emilia — et qui devait se conclure à Bologne, en 1937, au lycée Galvani : et cette année-là un maître auxiliaire — Antonio Rinaldi — nous lut en classe un poème de Rimbaud.

De 1937 à 1942-1943, je vécus la grande époque de l'hermétisme, étudiant, sous la direction de Longhi, à l'Université, et nouant de naïves liaisons littéraires avec les jeunes gens de mon âge qui s'intéressaient à ces choses-là : et parmi eux je puis citer Francesco Leonetti et Roberto Roversi; et, bien qu'étant de quelques années plus âgé, faisait aussi partie du groupe Francesco Arcangeli, bientôt suivi d'Alfonso Gatto. Je n'étais qu'un gamin, entré à l'Université de façon précoce; toutefois je ne vécus pas cette expérience en apprenti seulement, mais en initié. En 1942, en effet, fut publié à mes frais, par les soins de la Librairie d'Antiquités, de maître Landi, mon premier recueil de vers, *Poésies à Casarsa* : je venais tout juste d'avoir vingt ans; mais les poésies qui s'y trouvaient réunies, je m'étais mis à les écrire environ trois ans auparavant — à Casarsa, dans le village de ma mère — où nous allions chaque année passer chez des parents les modestes vacances que la solde de mon père, officier, pouvait nous offrir, etc.

Il s'agissait de poésies en dialecte frioulan : l' « hésitation prolongée entre le sens et le son [1] » s'était résolue en une option apparemment définitive pour le son; et la dilatation sémantique opérée par le son s'était étendue jusqu'à transférer les sémantèmes dans un autre champ linguistique, d'où ils pouvaient revenir glorieusement indéchiffrables.

Une quinzaine de jours après que le livre eut été publié, je reçus une carte postale de Gianfranco Contini, qui me disait que le livre lui avait plu au point qu'il se proposait d'en faire immédiatement un compte rendu.

---

1. Valéry, cité par Jakobson.

Qui pourra jamais décrire ma joie? J'ai sauté et dansé sous les portiques de Bologne; et quant à la satisfaction mondaine à laquelle on peut prétendre en écrivant des vers, celle de ce jour-là, à Bologne, fut exhaustive : désormais je puis fort bien m'en passer pour toujours. Le compte rendu de Contini ne fut pas publié toutefois dans *Primat,* comme il en avait d'abord eu l'idée, mais dans le *Courrier de Lugano,* à l'étranger, en Suisse, terre par définition des proscrits. Pourquoi? C'est que le fascisme n'admettait pas — à ma grande surprise — qu'il y eût en Italie des particularismes locaux et des idiomes de gens réfractaires à la guerre. Ainsi... mon « langage de pure poésie » avait fait figure de document réaliste démontrant l'existence objective de paysans misérables et excentriques, ou, du moins, non informés des exigences idéalistes du Centre... Il est vrai que, pour moi, le fascisme « n'allait plus de soi », depuis ce jour de 1937 où j'avais découvert la poésie de Rimbaud; mais désormais mon antifascisme cessait de n'être que purement culturel : oui, car le Mal, je l'éprouvais dans ma propre vie.

Nous nous réfugiâmes à Casarsa justement cet hiver-là, et cette année 1943 compte parmi les plus belles de ma vie : « mi joventud, veinte años en tierra de Castilla [1]! »

Je continuai à écrire des poésies frioulanes, mais je me mis à en écrire d'analogues en italien. Le frioulan de mes poésies était devenu maintenant très exactement celui que l'on parlait à Casarsa (et non un frioulan inventé à partir du Pirona [2]); tandis que l'italien, du fait qu'il était calqué sur le dialecte, avait pris une allure romane et naïve. L'italien littéraire — ce nouveau latin, qui, en ces années-là, au travers des hermétiques, était surtout représenté par Leopardi — continuait toutefois à m'imposer sa tradition d'élection et de sélection, à laquelle on

1. Machado.
2. Dictionnaire frioulan-italien.

n'échappe guère; c'est pourquoi j'écrivais des vers (« Carnets »), et je tenais un journal (« Fouillis », par analogie avec les « Mélanges [1] ») qui continuaient à suivre un « filon central » ouvert depuis toujours par privilège (et destiné à ne s'épuiser jamais), et qui précédaient ces poésies frioulanes que j'évoquais, publiées en 1942 : ces dernières constituaient donc, par rapport à cette production ambitieusement littéraire, d'une certaine façon, des « nugae », naturellement écrites en langue vulgaire. Sinon que, dans ce cas particulier, je ne sais trop de quelle façon, mais à coup sûr d'une certaine façon, je *savais,* que c'étaient justement ces « nugae » qui comptaient.

Ces poésies frioulanes, je devais les recueillir plus tard en une édition publiée par Sansoni en 1954; alors que les « nugae » italiennes que j'avais commencé à écrire à cette époque étaient destinées à constituer *Le Rossignol de l'Église catholique* (Longanesi, 1958). Je m'étais retrouvé, entre-temps, sous les armes, pendant quelques jours, du 1er septembre au 8 septembre 1943. Je m'en revins de Pise à Casarsa, tout déchiré, avec une paire de souliers dépareillés, après avoir désobéi à l'ordre que m'avaient donné mes officiers de remettre mes armes aux Allemands (au bord d'un canal, non loin de Livourne); après avoir parcouru une centaine de kilomètres à pied; et après avoir failli cent fois me retrouver sur un train en partance pour l'Allemagne. Je me remis aussitôt ensuite à écrire des vers en frioulan et en italien, les fastes champêtres de *La Nouvelle Jeunesse* et du *Rossignol.* Ce qui ne m'empêcha pas d'aller écrire V I V E L A L I B E R T E sur les murs et de me retrouver pour la première fois sous les verrous, apprenant ainsi ce que sont les représentants de l'ordre. Dès lors il ne me fut plus possible de vivre que dissimulé et traqué — et tout à fait terrorisé, car j'avais alors une

1. Nous avons repris ici la traduction conventionnelle (« Mélanges ») du titre (« Zibaldone ») d'un célèbre recueil de pensées de Leopardi *(N.d.T.)*

crainte décidément pathologique de la mort — continuelle-
ment obsédé par l'idée de me retrouver pendu à un croc .
car tel était le sort, sur le littoral adriatique, des jeunes
gens réfractaires au service militaire ou qui se disaient
ouvertement antifascistes. Mon frère — de trois ans plus
jeune que moi, et en âge, à son tour, de faire le service —
partit sur la montagne prendre les armes en tant que
partisan : je l'accompagnai à la gare (il avait un pistolet
caché dans un livre). A son départ, il était communiste;
puis, sur mon conseil (d'avoir vécu trois années de plus en
régime fasciste devait bien m'avoir appris quelque chose),
il passa au Parti d'action et à la division Osoppe : des
communistes, liés aux détachements de Tito, qui, à la
même époque, cherchaient à s'assurer la possession d'une
partie du Frioul, allaient le tuer. La guerre prit fin, et
s'ouvrit pour moi la période la plus tragique de ma vie (je
continuais à écrire *La Nouvelle Jeunesse* et le *Rossignol*) : la
mort de mon frère et la douleur surhumaine de ma mère;
le retour de mon père, prisonnier de guerre : il nous
revenait, malade, empoisonné par la défaite, sur le plan
national, du fascisme, et par celle, sur le plan familial, de
la langue italienne; brisé, féroce, tyran dépossédé de tout
pouvoir, rendu fou par le mauvais vin, de plus en plus
épris de ma mère, qui ne lui avait jamais rendu son amour
et, de surcroît, se consacrait maintenant tout entière à sa
douleur; et sur tout ceci se greffait encore le problème de
ma vie, et de ma chair. Au cours de l'hiver de 1949, cher
lecteur, qui m'êtes particulièrement cher en tant que
lecteur non averti, et parce que vous lisez de modestes
anthologies publiées en édition économique, j'allai cher-
cher refuge avec ma mère à Rome, comme dans un roman.
   L'époque frioulane avait pris fin; les manuscrits
allaient rester pendant longtemps dans un tiroir, avant
d'être publiés aux dates que j'ai indiquées; mais tout de
suite, à Rome, je me remis à écrire ces journaux intimes,
en vers, sensiblement plus réguliers, de filiation littéraire

et post-hermétique, que d'ailleurs, comme je l'ai dit, je n'avais jamais cessé tout à fait d'écrire, pas même dans ce Frioul roman, avec ses vignes et ses mûriers. J'en recueillis plus tard une série sous le titre, précisément, de *Rome 1950* (et je devais continuer jusqu'au « Sonnet printanier », Scheiwiller, 1960). Mais très vite, quelques mois seulement après mon arrivée à Rome, alors que par ailleurs je poursuivais, sous le signe de l'art baroque et de l'écriture de Gadda, mes recherches anti-italiennes, entreprises sous le signe de l'art roman et d'une langue étrangère, au Frioul — je me mis à écrire cette « chose » en forme de roman qui devait prendre ensuite le titre de *Ragazzi di vita* (1955). A Rome, je vécus d'abord Piazza Costaguti, non loin du Portique d'Octavie (le ghetto!), puis j'émigrai dans le ghetto des bourgades, au voisinage de la prison de Rebibbia, dans une maison laissée indéfiniment sans toit (treize mille lires par mois de loyer). Pendant deux ans, je fus un chômeur désespéré, de ceux qui finissent par se suicider; puis je trouvai à enseigner dans une école privée à Ciampino pour vingt-sept mille lires par mois. Dans la maison de Rebibbia, dans la ceinture des bourgades, j'ai entrepris — en effectuant lentement la transformation et la fusion du contingent anti-italien, souvent en fausset (qui avait fourmi les vers dialectaux et ceux qui s'y rattachaient), et du contingent teinté de classicisme des journaux intimes — mon « œuvre poétique » proprement dite, celle qui me paraît aujourd'hui constituer mon « ancienne poésie », des *Cendres de Gramsci* jusqu'à *Poésie en forme de rose.*

Je l'ai déjà dit tant de fois, au cours de tant d'entretiens, que c'en est devenu presque un mécanisme pour donner libre cours au propos qui me convient (pour conformer la réalité à mon dessein) : ce qui me poussa à devenir communiste, ce fut une lutte de journaliers frioulans contre de grands propriétaires fonciers, sitôt la guerre achevée (« L'époque de la sentence De Gasperi », tel devait être le titre de mon premier roman, publié en fait par la suite en 1962 avec pour titre *Le Rêve d'une chose*). Je fus du côté des journaliers. Puis je me mis à lire Marx et Gramsci.

La transformation et la fusion, dont j'ai parlé précédemment, de mes deux filons poétiques, l'anti-italien en fausset, et l'italien soumis à élection, se produit sous le signe de mon marxisme toujours non orthodoxe. C'est lentement que j'en arrive à ma « poésie civile » sur les cendres de Gramsci : toute la première partie du recueil, depuis « Les Apennins » jusqu'à « L'humble Italie », est préhistorique par rapport à elle; dans les bourgades du sous-prolétariat romain subsiste encore l'esprit préalpin, celui des terres défrichées, des taillis, qui s'accumule formellement surtout dans les espaces que ménage nécessairement la contrainte des rimes (des tercets), sous forme d'éléments retardateurs. Je prends d'ailleurs maintenant conscience que, de l'époque de la lutte des journaliers jusqu'à aujourd'hui, bien peu de choses ont réellement changé, en moi et hors de moi. Au moment même où j'écris cette introduction pour un lecteur non averti, je suis en train de travailler à un documentaire sur la grève des balayeurs romains (« Notes pour un roman sur les ordures »), et je n'ai vraiment pas le sentiment que près de trente années se soient écoulées. Il se pourrait bien que l'intuition de la lutte des classes qu'ont les jeunes de 1968-1970 nous ait ramenés en arrière, jusqu'à ces grandes journées : et peu importe si ce n'est là qu'illusion. Au demeurant la lutte des classes est un phénomène qui ne saurait se résoudre en l'espace de trente années, et dont les caractéristiques demeurent inchangées.

A ce sujet je voudrais surtout signaler aux jeunes lecteurs le poème intitulé « Une polémique en vers », ainsi que celui qui clôt l'anthologie, « Victoire » : je serais satisfait s'ils pouvaient y trouver préfiguré le sentiment politique et idéaliste qui les anime aujourd'hui.

Quant au reste, les poésies réunies ici, en cette anthologie qui recouvre une période de treize années, de 1951 à 1964, avec tous les recueils qui s'y trouvent rattachés, forment un bloc compact et cohérent. Ce qui me frappe en elles — à les considérer d'un œil étranger, ce qui ne correspond pas à la vérité —, c'est un sentiment diffus de décourageante tristesse : une tristesse qui fait partie de la langue elle-même, qui en constitue l'une des données, traduisible en quantité et en quelque sorte en densité. Ce sentiment (c'en est presque un droit) d'être malheureux est à ce point prépondérant que la joie sensuelle elle-même (dont par ailleurs le livre est plein, mais avec, semble-t-il, un sentiment de faute) s'en trouve endeuillée; et de même l'idéalisme civil. Ce qui me frappe encore, en relisant ces vers, c'est de me rendre compte du degré de naïveté des effusions auxquelles je m'y livrais : vraiment comme si j'écrivais pour des gens qui ne pouvaient que beaucoup m'aimer. A présent je comprends pourquoi je me suis attiré tant de défiance et tant de haine.

II

Je conclus en ajoutant, en guise d'appendice, une source de lumière qui ait valeur rétroactive : il s'agit d'une poésie, de ces tout derniers mois, intitulée C H A R T E (S O U I L L É E) : elle ne contribuera certes pas à ordonner cette anthologie de poésies anciennes, ni à me valoir quelque   mpathie; elle visera plutôt à tout remettre en question, car en définitive je me refuse, tant consciemment qu'inconsciemment, à toute forme de pacification...

CHARTE (SOUILLÉE)

Il faut s'éloigner quelquefois du lieu des Devoirs, en ce Monde Occidental — revenir couronnés

des lauriers de l'Intégration
alors on est utile à la Rév...
sinon, s'il fait le moine (en signe de protestation, **de**
  rigueur, et ainsi de suite)
on le jette *(mots illisibles à cause de souillures)*
Il lui faut se soucier de sa carrière
ce n'est qu'en arr... qu'il est « utile » à la...
  — ruisseler de fautes pour des rapports *(mot illisible cf.*
    plus haut)
(c'est ce que veut l'ouvrier qui a le culte de la famille)
  — des gens comme il faut pour cautionner la lutte!
  — des milliers de petits actes, au jour le jour, de
    déshonneur
pour s'élever jusqu'aux honneurs qui sont utiles à un
  Parti réaliste!
Ce sont des choses qui vous retombent sur la tête quand
  vous les dites
  — vous rendant de plus en plus misérable et donc
    inutilisable.
Mais il faut bien que quelqu'un traîne sur ses misérables
  épaules
une croix *(« merde » suivi de mots illisibles cf. plus haut)*
Se perdre de réputation pour une sainteté équivoque : bah!
Mais il faut bien que quelqu'un soit couvert de croûtes,
  l'Intouchable
Qui mise chichement pour perdre ou gagner chichement
veut jouir du spectacle de qui gagne ou qui perd
  énormément
de préférence de qui perd énormément, horror mundi.
  — c'est de Nous qu'il s'agit, puisqu'il faut bien changer,
et se discréditer, au besoin, un peu plus encore
  — sans avoir eu le temps d'être en effet de mauvais fils
nous voici déjà de mauvais pères *(mots illisibles cf. plus*
  haut)
  — nous attirant une paternelle réprobation de ces
    charognes de fils

Voilà qui devrait donner toute satisfaction au désir de mort
que certains Nous attribuent pour ne pas s'inquiéter de
　　Nous
Une fois de plus le sérieux passe pour un aspect de la
　　virilité
　　— n'est plus viril le jeune homme sans problème et qui
　　　　obéit (armé)
viril est par contre le chercheur spéc... le jeune organis...
Les jeunes se jettent, oui, de tout leur corps dans la lutte,
mais sans prendre réellement en considération sa faiblesse
c'est pour eux semble-t-il chose indésirable et superflue
　　— quand ils *(mot illisible)* de la faiblesse de leur corps
c'est à grand renfort de claques sur les épaules, non sans
se lancer des boutades de vieux parlementaires!
　　— ils sont exclusivement, ou, plutôt, manifestement
　　　　politiques
et ceci entraîne nécessairement des conséquences.
Un corps (n'importe lequel) couvert de croûtes, et
　　éternellement crucifié,
(il n'y a rien à faire!) on ne peut que s'en gausser;
c'est affaire privée, sur laquelle il est bon de glisser, de se
　　taire
　　— ou, justement, s'en gausser et c'est tout, quand on a le
　　　　temps.
Donc la honte suprême ne réside pas
dans l'auto-exclusion ni dans la soif de sainteté
mais dans le fait d'être ambigu ou du moins déchiré
entre la tentation de s'exclure et la recherche du succès.
　　— n'être pas tout à fait présent, l'être sans clarté, je veux
　　　　dire,
c'est, tout comme autrefois, aux yeux de la bonne
　　bourgeoisie, inadmissible
quand le monde était U N, qu'il y avait U N futur humain
qui dispensait la gloire au modeste apprenti poète —
et ce qu'a rêvé en fait de Révolution ce même gamin...
ce n'est, tout compte fait, qu'une Confusion de Rêves

chose que nul n'a la moindre envie non seulement de juger
mais même de considérer comme une réalité *(mot illisible)*
— il est vrai que tous *(mot illisible)* cette Confusion de
    Rêves,
mais certains l'avouent et d'autres le nient, certains le
    réalisent et d'autres en sont à cent lieues
— vient enfin quelqu'un qui jette sur le tapis de jeu (pour
    perdre)
la reconnaissance de tout ceci
— les jeunes, ces fils de pute, n'ont pas le moindre soupçon
de cette Confusion de Rêves, pourtant actuelle encore
    aujourd'hui (1969)
— ils sont *(mot illisible)* en cette idée de virilité comme
    esprit de sérieux
et les gens sérieux n'ont pas, c'est sûr, et n'ont jamais eu de
    rêves!
— Quel miracle! La Bourgeoisie me ceint d'une cou-
    ronne de chêne,
et la Classe Ouvrière retourne cette tête couronnée contre
    la Bourgeoisie.
C'est bien évidemment chose folle et indigne : avec
    toutefois une fonction :
peupler le monde d'hommes faibles et non plus de saints.
— « Je pourrais parler d'un homme ravi au Troisième
    Ciel
et je parle au contraire d'un homme faible », en effet.
— Je dis cela pour me vanter de ma force :
de tant de rêve il ne m'est resté que la force.
— Je ne sais pourquoi je décide que ceci doit être la
    dernière poésie
de ce recueil de poésies né au cours de la farce
à laquelle je participe justement en tant que poète. Il n'y
    a aucune raison
d'écrire tout au bas de ces vers le mot

FIN

NOTE BIOGRAPHIQUE

Pier Paolo Pasolini est né le 5 mars 1922, à Bologne. Fils d'officier, il suit tout d'abord ses parents de garnison en garnison dans différentes villes de l'Italie septentrionale, notamment à Parme, Bellune, Sacile, Crémone, Reggio Emilia, non sans effectuer de fréquents séjours à Casarsa, dans le village frioulan de sa mère. S'il voue à cette dernière une véritable adoration — sensible tout au long de sa vie — il s'accommode fort mal en revanche de l'autoritarisme paternel. Poète précoce, il subit le choc, en 1937, de la lecture de Rimbaud, à une époque surtout marquée en Italie par l'art subtil de l'hermétisme.

Étudiant à l'Université de Bologne, il couronne ses études par la rédaction d'un mémoire consacré à Giovanni Pascoli. Il fait par ailleurs paraître, en 1942, à frais d'auteur, un premier recueil de poésies dialectales *(Poesie a Casarsa)*, aussitôt salué par la critique, et notamment par Gianfranco Contini.

En 1943, après avoir refusé de faire acte de soumission aux troupes d'occupation allemandes, il se réfugie à Casarsa, en compagnie de sa mère, et y renoue, profondément, avec l'univers doux et poignant de l'enfance. Son frère cadet, Guido, s'engage dans la Résistance; il trouvera la mort dans un accrochage avec des partisans de Tito, le long de la frontière yougoslave. Le souvenir de cette disparition ne cessera de hanter le poète.

En 1945, Pasolini commence à enseigner dans la région de Casarsa, fonde avec quelques amis une « Academiuta di Lenga Furlana », poursuit sa production dialectale. C'est toutefois avec des dispositions d'esprit bien changées : il participe aux luttes des journaliers frioulans contre de gros propriétaires fonciers (dont il consignera plus tard le récit dans *Il Sogno di una cosa*), découvre le marxisme à travers la lecture de Gramsci. Le conflit familial qui l'oppose à son père, rentré de captivité, ne cessant de s'aggraver, il quitte en 1949 Casarsa pour Rome, en emmenant avec lui sa mère.

Ayant fini par se loger à Rebibbia, non loin du pénitencier, dans une maison délabrée, Pasolini se trouve alors confronté au monde impitoyable et violent du sous-prolétariat romain, et cette découverte a pour effet de profondément le traumatiser. Lui-même se trouve réduit, pendant deux ans, au chômage, avant de trouver un modeste emploi d'enseignant dans une école privée de Ciampino. Son père est venu rejoindre la famille à Rome, créant de nouveau une situation fort pénible, qui ne prendra fin qu'à sa mort, quelque temps plus tard.

De l'enfer des « borgate » Pasolini tire le témoignage, bouleversant, de son premier roman, *Ragazzi di vita,* qui lui vaut, en 1955, la notoriété. Il se voit du même coup intenter un premier procès pour obscénité, qui ouvre la voie à une longue série de persécutions judiciaires. L'écrivain collabore, à la même époque, à l'élaboration d'un certain nombre de scénarios, à la demande de Mario Soldati, de Federico Fellini, et surtout de Mauro Bolognini, avec lequel il se lie d'une vive amitié.

Les années qui suivent sont marquées par une intense activité littéraire et poétique de Pier Paolo Pasolini, de plus en plus fasciné par le monde des laissés-pour-compte de l'histoire, dont il a su, mieux que tout autre, révéler le caractère tragique. En 1957 est publié le recueil intitulé *Le Ceneri di Gramsci,* qui obtient le prix Viareggio. En

1959 voit le jour son second roman, *Una vita violenta.* En 1960 sont réunies, sous le titre de *Passione e ideologia,* une série de pénétrantes analyses, parues pour la plupart dans le cadre de la revue *Officina,* à la rédaction de laquelle le poète participe activement, de 1955 à 1959, avec Roberto Roversi et Francesco Leonetti. Cette revue, qui joue un rôle important dans la vie culturelle italienne de l'époque, est amenée à suspendre sa publication après la parution de l'épigramme composée par Pasolini à l'occasion du décès de Pie XII *(A un papa).*

En 1959, l'écrivain a entièrement rédigé le scénario de *La Notte brava,* dont la mise en scène sera assurée par Mauro Bolognini. En 1961, il signe lui-même son premier film, *Accattone,* qui marque aussi sa rencontre avec Franco Citti, et ouvre la voie à toute une série d'œuvres capitales. Création poétique et production cinématographique tendront dès lors, par un mouvement naturel, à se compléter. Qu'il s'agisse des poèmes de *La Religione del mio tempo* (1961), ou des séquences filmées de *Mamma Roma* (1962) ou de *La Ricotta* (1963), ce sont partout les mêmes préoccupations sociales, et le même sentiment du sacré, Pasolini étant alors engagé dans une difficile tentative visant à concilier valeurs chrétiennes et valeurs marxistes afin de créer, par leur interpénétration, les conditions d'un double dépassement. L'un des points d'aboutissement de cette démarche est sans conteste *Il Vangelo secondo Matteo,* primé en 1964 au festival de Venise. Mais les espoirs que le poète avait pu placer dans la possibilité d'une régénération, en profondeur, de l'Église, ne survivront guère au pontificat de Jean XXIII (qui prend fin en 1963). Et les réserves idéologiques déjà suscitées en lui par les tragiques événements de 1956 en Hongrie, dont il s'est toutefois refusé à tirer trop vite le bilan, sont allées par la suite en s'amplifiant. Cette double crise finit par exploser, avec une rare violence, tant dans *Poesia in forma di rosa* (1964) que dans *Uccellacci e*

Uccellini (1965), œuvres qui marquent toutes deux un point de rupture.

La création de Pier Paolo Pasolini prendra dès lors un tour différent. Caractérisée par un plus grand souci de richesse formelle, elle témoigne aussi de la volonté du poète de serrer au plus près ses déchirements intérieurs, ses fantasmes, ses obsessions, ainsi que de mettre à nu, par le recours à la fable, certains des mécanismes fondamentaux de l'inconscient. En 1967 est réalisé *Edipo Re*, et paraît en même temps le premier texte théâtral du poète, *Pilade*. En 1968 viendront *Teorema*, et le *Manifesto per un nuovo teatro*. En 1969, *Porcile*, et *Affabulazione*, bientôt suivis par *Medea*. En 1971 paraît *Trasumanar e organizzar*, recueil de poèmes où les velléités d'engagement le cèdent vite à l'expression du désarroi idéologique le plus profond, ce dont témoignent aussi à leur façon les films de la *Trilogia della vita (Decameron, I Racconti di Canterbury, Il Fiore delle Mille e una notte)*, réalisés de 1971 à 1974.

Pasolini aura participé jusqu'au bout, intensément, aux principaux débats théoriques de son époque. Il anime notamment, à partir de 1966, en compagnie d'Alberto Moravia, la revue *Nuovi argomenti*, qui joue un rôle culturel important. Et s'il a été amené à adopter, en 1968, une attitude critique vis-à-vis du mouvement étudiant — ce dont il s'expliquera longuement par la suite — le désir de renouer avec un discours idéologique plus ordonné et plus cohérent transparaît dans *Empirismo eretico* (1972), ainsi que dans certains passages de son *Calderón* (1973). L'écrivain multipliera de même pendant les dernières années de sa vie les prises de position polémiques (en particulier dans le *Corriere della sera*, auquel il collabore régulièrement à partir de 1973, ainsi que dans différents hebdomadaires). Nombre de ces articles seront regroupés, en 1975, sous le titre de *Scritti corsari*. La même année paraissent aussi *Il Padre selvaggio*, les fragments de *La*

Divina Mimesis, ainsi que le recueil intitulé *La Nuova Gioventù,* qui reprend et complète les poésies frioulanes de l'adolescence. Dans le même temps, Pasolini achève le tournage de *Salò o le 120 giornate di Sodoma,* violente dénonciation, à travers un récit d'obédience sadienne, d'un univers de contrainte et d'oppression, placé sous l'égide d'un totalitarisme tout-puissant.

Le film — aussitôt mis sous séquestre en Italie — ne devait être présenté que posthume. Le 2 novembre 1975 on découvrait, sur un terrain vague en bordure de la plage d'Ostie, le corps du poète sauvagement assassiné. Les circonstances de cette mort n'ont pu être à ce jour exactement élucidées. Drame lié à une homosexualité dont Pasolini, pour sa part, n'a jamais fait mystère, ou crime politique habilement déguisé[1] ? Ce témoin passionné des principaux événements de son temps se savait à coup sûr menacé. N'a-t-il pas lui-même prophétisé la forme qu'allait prendre sa propre mort dans une «Note de l'éditeur» rajoutée à *La Divina Mimesis,* œuvre profondément hantée, jusque dans l'étrange «Iconographie jaunissante» qui la clôt, par le sentiment d'une fin prochaine ?

De nombreux recueils d'articles et de lettres seront publiés après cette disparition *(Lettere luterane; Lettere agli amici (1941-1945); Le Belle Bandiere),* ainsi que de nombreux fragments inédits (notamment le projet de scénario de *San Paolo).* Pier Paolo Pasolini laisse également un roman inachevé *(Vas* publié sous le titre *Petrolio* en 1992 et traduit en français en 1995).

---

1. On se reportera sur ce point au dossier intitulé *Pasolini : Chronique judiciaire, persécution, exécution,* éd. Seghers, 1979, publié à l'initiative d'un Comité de promotion animé en particulier par l'actrice Laura Betti, et à Dario Belleza, *Mort de Pasolini,* Persona, 1983.

INDICATIONS BIBLIOGRAPHIQUES

A. PRINCIPALES ŒUVRES DE PIER PAOLO PASOLINI :

POÉSIES.

La Meglio Gioventù, Florence, Sansoni, 1954.
Le Ceneri di Gramsci, Milan, Garzanti, 1957.
L'Usignolo della Chiesa cattolica, Milan, Longanesi, 1958.
Roma 1950. Diario, Milan, Scheiwiller, 1960.
La Religione del mio tempo, Milan, Garzanti, 1961.
Poesia in forma di rosa, Milan, Garzanti, 1964.
Trasumanar e organizzar, Milan, Garzanti, 1971.
La Nuova Gioventù, Turin, Einaudi, 1975.

Deux anthologies ont été publiées dans ce domaine :
Poesie, Milan, Garzanti, 1970 (choix effectué et préfacé par l'auteur lui-même; cf. *Appendice* de la présence édition);
Le Poesie, Milan, Garzanti, 1975 (comprend les quatre recueils publiés chez ce même éditeur, avec ajout de quinze poésies inédites).

RÉCITS ET ROMANS :

Ragazzi di vita, Milan, Garzanti, 1955.
Una vita violenta, Milan, Garzanti, 1959.
Il Sogno di una cosa, Milan, Garzanti, 1962.

Alì dagli occhi azzurri, Milan, Garzanti, 1965.
Teorema, Milan, Garzanti, 1968.
La Divina Mimesis, Turin, Einaudi, 1975.
Amado mio preceduto da *Atti impuri,* Milan, Garzanti, 1982.
Petrolio, Turin, Einaudi, 1992.

ESSAIS :

Poesia dialettale del Novecento, Parme, Guanda, 1952.
Passione e ideologia, Milan, Garzanti, 1960.
La Poesia popolare italiana, Milan, Garzanti, 1960.
L'Odore dell'India, Milan, Longanesi, 1962.
Empirismo eretico, Milan, Garzanti, 1972.
Scritti corsari, Milan, Garzanti, 1975.
Lettere luterane, Turin, Einaudi, 1976.
Le Belle Bandiere, Rome, Editori Riuniti, 1977.
Il Caos, Rome, Editori Riuniti, 1979.
Descrizioni di descrizioni, Turin, Einaudi, 1979.
Il portico della Morte, Rome, Quaderni Pier Paolo Pasolini, 1988.

SCÉNARIOS:

Accattone, Rome, F. M., 1961.
Mamma Roma, Milan, Rizzoli, 1962.
Il Vangelo secondo Matteo, Milan, Garzanti, 1964.
Uccellacci e uccellini, Milan, Garzanti, 1965.
Edipo Re, Milan, Garzanti, 1967.
Medea, Milan, Garzanti, 1970.
Trilogia della vita (Decameron, I Racconti di Canterbury, Il Fiore delle Mille e una notte), Bologne, Cappelli, 1975.
Il Padre selvaggio, Turin, Einaudi, 1975.
San Paolo, Turin, Einaudi, 1977.

THÉÂTRE:

Calderón, Milan, Garzanti, 1973.
I Turcs tal Frine, Udine, Forum Julii, 1975.
Affabulazione, Pilade, Milan, Garzanti, 1979.
Porcile, Orgia, Bestia da Stile, Milan, Garzanti, 1979.

ŒUVRES COMPLÈTES :

Le opere complete, édition sous la direction de Walter Siti, Mondadori, I Meridiani, 1998-2003 :
Romanzi e racconti (1. 1946-1961), 1998.
Romanzi e racconti (2. 1962-1975), 1999.
Saggi sulla letteratura e sull'arte, 1999.
Saggi sulla politica e sulla società, 1999.
Per il cinema (2 vol.), 2001.
Teatro, 2001.
Tutte le poesie, 2003.

TRADUCTIONS FRANÇAISES :

Les Ragazzi, traduction de Claude Henry, éd. Buchet-Chastel, 1958 (rééd. U.G.E., 1982).
Une vie violente, traduction de Michel Breitman, éd. Buchet-Chastel, 1961 (rééd. U.G.E., 1982).
Le Rêve d'une chose, traduction d'Angélique Levi, éd. Gallimard, 1965 (rééd. L'Imaginaire, 1988).
Œdipe Roi, traduction de Jean-Claude Biette, éd. L'Avant-Scène, 1969.
Poésies (1953-1964), traduction de José Guidi (édition bilingue), Gallimard, 1973 (rééd. Poésie/Gallimard, 1980).
Écrits corsaires, traduction de Philippe Guilhon, Flammarion, 1976 (rééd. Champs, 1987).
L'Expérience hérétique, langue et cinéma, préface de Maria-Antonietta Macciocchi, traduction d'Anna Rocchi-Pullberg, Payot, 1976 (rééd. Ramsay, 1989).
Théorème, traduction de José Guidi, Gallimard, 1978 (rééd. Folio, 1988).
La Nouvelle Jeunesse, traduction de Philippe Di Meo, Les Lettres Nouvelles/Maurice Nadeau, 1979 (rééd. Gallimard, 2003).
Saint Paul, traduction de Giovanni Joppolo, Flammarion, 1980.
La Divine Mimésis, traduction de Danièle Sallenave, Flammarion, 1980.

Dialogues en public, traduction de François Dupuigrenet-Desroussilles, éd. du Sorbier, 1980.

Le Père sauvage, traduction de José Guidi, Les Formes du Secret, 1980.

Les Dernières Paroles d'un impie : *entretiens avec Jacques Duflot,* Belfond, 1981.

Actes impurs, suivi de *Amado mio,* traduction de René de Ceccatty, Gallimard, 1984 (rééd. Gallimard, Folio, 2003).

Descriptions de descriptions, traduction et préface de René de Ceccatty, Paris-Marseille, Rivages, 1984 (rééd. Rivages-Poche, 1995).

L'Odeur de l'Inde, traduction de René de Ceccatty, Denoël, 1984 (rééd. Gallimard, Folio, 2001).

Avec les armes de la poésie, traductions de Francis Darbousset, René de Ceccatty, Gilles de Van, Mario Fusco, José Guidi, Huguette Hatem, Jacqueline Risset, Anna Rocchi-Pullberg, Madeleine Santschi, Jean-Charles Vegliante, Milan-Paris, Garzanti-Associazione «Fondo Pasolini», 1984.

Écrits sur le cinéma, traduction d'Hervé Joubert-Laurencin, Lyon, Presses universitaires, 1987 (rééd. Cahiers du Cinéma, 2001).

Orgie, traduction de Danièle Sallenave, Arles, Papiers-Actes Sud, 1988.

Affabulazione, traduction de Michèle Fabien et Titina Maselli, Arles, Papiers-Actes Sud, 1988.

Porcherie, traduction d'Alberte Spinette, Arles, Papiers-Actes Sud, 1989.

Promenades romaines, traduction de Jean-Michel Gardair, Le Livre de Poche, 1989.

Bête de style, traduction d'Alberte Spinette, Arles, Papier-Actes Sud, 1990.

Poésies 1943-1970, préface et choix de René de Ceccatty, traductions de Nathalie Castagné, René de Ceccatty, José Guidi et Jean-Charles Vegliante, Gallimard, 1990.

Calderon, traduction de Michèle Fabien, Arles, Papiers-Actes Sud, 1990.

Pylade, traduction de Michèle Fabien et Titina Maselli, Arles, Papiers-Actes Sud, 1990.

Qui je suis, traduction de Jean-Pierre Milelli, Arléa, 1994.

Pétrole, traduction de René de Ceccatty, Gallimard, 1995.

Les Anges distraits, traduction de Marguerite Pozzoli, Actes Sud, 1995 (rééd. Gallimard, Folio, 2001).

Poèmes de jeunesse et quelques autres, édition et traductions de Nathalie Castagné et Dominique Fernandez (édition bilingue), Poésie/Gallimard, 1995.

Théâtre, Actes Sud, Babel, 1995.

Poèmes oubliés, traduction de V. Scandella, Actes Sud, 1996.

Écrits sur la peinture, édition et traduction d'Hervé Joubert-Laurencin, Carré, Arts et esthétique, 1997.

Pier Paolo Pasolini, Textuel, 1997.

Histoires de la cité de Dieu. Nouvelles et chroniques romaines, traduction de René de Ceccatty, Arcades, Gallimard, 1998 (rééd. Gallimard, Folio bilingue, 2002).

Douce et autres textes, traduction de Marguerite Pozzoli, Actes Sud, 2000.

Dans le cœur d'un enfant, traduction de Luigi Scandella, Actes Sud, 2000.

Lettres luthériennes : petit traité pédagogique, traduction d'Anna Rocchi-Pulberg, Seuil, 2000 (rééd. Points, 2002).

Je suis vivant, traduction d'Olivier Apert et Ivan Messac, postface de Leonardo Sciascia, Nous, 2001.

La Longue route de sable, traduction d'Anne Bourguignon, Arléa, 2002.

Médée, traduction de C. Mileschi, Arléa, 2002.

Contre la télévision et autres textes sur la politique et la société, traductions d'Hervé Joubert-Laurencin et Caroline Michel, Les Solitaires Intempestifs, 2003.

Le Dada du sonnet, traduction d'Hervé Joubert-Laurencin (édition bilingue), Les Solitaires Intempestifs, 2005.

Théâtre 1938-1965, traduit de l'italien par Hervé Joubert-Laurencin et Caroline Michel et du frioulan par Luigi Scandella, Les Solitaires Intempestifs, 2005.

C., traduction d'Isabella Checcaglini et Etienne Dobenesque, Ypsilon éditeur, 2008.

Sonnets, traduction et postface de René de Ceccatty, Poésie/Gallimard, 2012.

CORRESPONDANCE :

Lettere, 1940-1954, Turin, Einaudi, 1986.
Lettere, 1955-1975, Turin, Einaudi, 1988.
Correspondance générale, traduction de René de Ceccatty, Gallimard, 1991.

B. *ÉTUDES CRITIQUES :*

Parmi l'importante production critique italienne consacrée à l'œuvre de Pier Paolo Pasolini, on peut particulièrement mentionner :

Gian Carlo FERRETTI, *Letteratura e ideologia,* Rome, Editori Riuniti, 1964 (rééd. en 1976) ; *Pasolini : l'universo orrendo,* Rome, Editori Riuniti, 1976.

Alberto ASOR ROSA, *Scrittori e popolo,* Rome, Samonà et Savelli, 1966.

Giorgio BARBERI SQUAROTTI, *Poesia e narrativa del secondo Novecento,* Milan, Mursia, 1971.

Giuseppe ZAGARRIO, « L'Empietà crepuscolare di Pasolini », in *Il Ponte,* XXVIII, 1972, n°s 8-9.

Tommasso ANZOINO, *Pasolini,* coll. « Il Castoro », n° 51, Florence, La Nuova Italia, 1975.

Giampaolo BORGHELLO, *Interpretazioni di Pasolini,* Rome, Savelli, 1977.

À signaler aussi, dans le domaine des études biographiques :

Enzo SICILIANO, *Vita di Pasolini,* Milan, Rizzoli, 1978 ; traduction, de Jacques Joly et Emmanuelle Genevois, La Différence, 1984.

Nico NALDINI, *Pasolini, una vita,* Turin, Einaudi, 1989 ; traduction, de René de Ceccatty, Gallimard, 1991.

René de CECCATTY, *Pasolini,* Gallimard, Folio biographies, 2005.

Sur l'œuvre cinématographique :

Jean NARBONI, « Rencontre avec Pasolini », in *Cahiers du Cinéma,* n° 192, juillet-août 1967 ;

Jean DUFLOT, *Entretiens avec Pier Paolo Pasolini*, Belfond, 1970;

Marc GERVAIS, *Pier Paolo Pasolini* (avec un chapitre additif par Claude Beylie), coll. Cinéma d'aujourd'hui, Seghers, 1973.

Un remarquable numéro spécial de la revue *Le Pont de l'Épée*, composé par Francis Darbousset, est consacré à «Pier Paolo Pasolini poète» (*Le Pont de l'Épée*, n°s 56-57, 2e/3e trimestre 1976, dir. Guy Chambelland); il comporte, outre un avant-propos d'Alberto Moravia, d'importantes contributions critiques, ainsi qu'un choix de traductions inédites.

Les Cahiers du Cinéma, hors série «Pasolini cinéaste», éd. de l'Étoile, 1981.

Collectif, *L'univers esthétique de Pasolini*, Persona, 1984.

Collectif, *Pier Paolo Pasolini, Une vie future*, Fondo Pasolini, 1987.

III. POÉSIE EN FORME DE ROSE

Le domaine italien
en Poésie/Gallimard

DANTE ALIGHIERI. *Vita Nova*. Préface et traduction de Louis-Paul Guigues.

DANTE ALIGHIERI. *La Comédie (Enfer. Purgatoire. Paradis)*. Édition bilingue, présentation et traduction de Jean-Charles Vegliante.

Giacomo LEOPARDI. *Canti*, suivis d'un choix d'*Œuvres morales*. Préface de Jean-Michel Gardair. Traduction de F.-A. Aulard, Juliette Bertrand, Philippe Jaccottet et Georges Nicole.

Mario LUZI. *Prémices du désert*, poèmes 1932-1957. Préface de Jean-Yves Masson. Traduction de Jean-Yves Masson et Antoine Fongaro.

MICHEL-ANGE. *Poèmes*. Préface et traduction de Pierre Leyris.

Eugenio MONTALE. *Poèmes choisis (1916-1980)*. Préface de Gianfranco Contini. Édition de Patrice Dyerval Angelini.

Pier Paolo PASOLINI. *Poésies (1953-1964)*. Préface et traduction de José Guidi. Édition bilingue.

Pier Paolo PASOLINI. *Poèmes de jeunesse* et quelques autres. Préface et choix de Dominique Fernandez. Traduction de Nathalie Castagné et Dominique Fernandez. Édition bilingue.

Pier Paolo PASOLINI. *Sonnets*. Traduction et postface de René de Ceccatty. Édition bilingue.

Cesare PAVESE. *Travailler fatigue. La mort viendra et elle aura tes yeux. Poésies variées*. Préface de Dominique Fernandez. Traduction de Gilles de Van.

François PÉTRARQUE. *Canzoniere*. Préface de Jean-Michel Gardair. Traduction de Ferdinand L. de Gramont.

Gaspara STAMPA. *Poèmes*. Préface et traduction de Paul Bachmann. Édition bilingue.

Giuseppe UNGARETTI. *Vie d'un homme*. Préface de Philippe Jaccottet. Traduction de Philippe Jaccottet, Pierre Jean Jouve, Jean Lescure, André Pieyre de Mandiargues, Francis Ponge et Armand Robin.

Ce volume,
le cent quarantième de la collection Poésie,
a été achevé d'imprimer sur les presses
de CPI Bussière à Saint-Amand (Cher),
le 2 mars 2014.
Dépôt légal : mars 2014.
1ᵉʳ dépôt légal dans la collection : juin 1980.
Numéro d'imprimeur : 2008484.

ISBN 978-2-07-032195-7./Imprimé en France.